Réflexions politiques

Benoît R. SOREL

RÉFLEXIONS POLITIQUES

Éditions BoD

Edition : BoD - Books on Demand
12/14 rond-point des Champs Elysées, 75008 Paris
Impression : Books on Demand GmbH, Norderstedt, Allemagne
ISBN : 9782322095599
Dépôt légal : juillet 2016

DU MÊME AUTEUR

L'élevage professionnel d'insectes : points stratégiques et méthode de conduite, Éditions BoD, 2015.

Cours d'entomologie pour l'agriculture naturelle, École d'Agriculture Durable, Institut Technique d'Agriculture Naturelle, formation en ligne.

L'agroécologie : cours théorique, Éditions BoD, 2015.

L'agroécologie : cours technique, Éditions BoD, 2015.

Les cinq pratiques du jardinage agroécologique, Éditions BoD, 2016.

Nagesi, Éditions BoD, 2016.

À paraître : *Ombres au jardin. Psychologie négative et éphexis du jardinage agroécologique.*

Site internet : http :\\jardindesfrenes.jimdo.com

SOMMAIRE

PRÉAMBULE

D'un livre à l'autre

Mon précédent livre est une somme de réflexions sur la Nature, la Société et la spiritualité[1]. Je réfléchis sur l'art de la science, les initiatives colibri, l'art de l'intelligence, comment penser et protéger la Nature, comment sonder les mystères, et, pour terminer, je propose un nouvel idéal civilisationnel réunifiant biologie et quête de sens. Si ce n'est par rapport à la validité intellectuelle de mes conceptions, avec ce livre je ne prends aucun risque : les enjeux de société que j'invite à relever sont de l'ordre de l'état d'esprit, de la façon de penser. Dans le présent livre, je me risque à des réflexions politiques pour le temps présent. Je m'essaie à une politique de terrain à partir de mon expérience avec les administrations, à partir des projets locaux d'urbanisme, des subventions locales, des impôts locaux. Je tente, toujours en partant du local, d'aborder des thèmes lourds et polémiques tels que la législation économique, la fabrique des lois, l'immigration, le racisme, la bien-pensance et la place de l'islam en France.

Le texte *La bien-pensance* est pour moi une étape importante dans mon projet de comprendre la politique à la française. J'ai « vu clair », presque l'équivalent d'un « eurêka ! » scientifique mais en politique. Les textes qui précèdent, écrits antérieurement, sont des circonvolutions autour d'un « pot-au-roses » qu'il m'aura fallu plus d'un an pour identifier. À la fin de l'écriture de chaque texte, je savais ma pensée plus claire. Mais diverses annonces de la vie locale m'incitaient à reprendre la plume. Et après la rédaction du nouveau texte, le

---

1 *NAGESI*, Éditions BoD, mars 2016

précédent m'apparaissait à chaque fois incomplet et imprécis dans le diagnostique et dans les propositions.

Penser les problèmes du quotidien n'est pas facile ; on ne peut pas se réfugier dans la théorie. Quand une situation nous déplaît, il faut imaginer une autre réalité et concevoir les moyens pour la faire advenir. L'action est *une* : on fait ceci *ou* cela, on pose une limite ici *ou bien* là. Quand la pure réflexion exige avant tout de la sagesse, l'action exige avant tout de la force, de l'énergie.

Après de nombreux aller-retours entre la théorie et la pratique, entre les annonces politiques et la réalité vécue, je parvenais donc à identifier le pot-aux-roses. La genèse et l'écriture de ce texte m'a fait très plaisir ; pour autant je devais m'assurer de ne pas écrire des banalités. En effet, pour les thèmes polémiques, quels repères utiliser ? On sait que la situation actuelle est tendue, entre d'une part l'afflux de réfugiés et d'autre part le terrorisme islamique... J'ai alors décidé d'écouter un débat contradictoire entre Daniel Cohn-Bendit et Alain Finkielkraut, deux personnalités aux idées bien marquées et qui donc peuvent servir de repères. En entendant les opinions parfois communes parfois contradictoires, les explications communes mais les déductions différentes, je comprenais que mon fier texte sur la bien-pensance n'est qu'une perspective comme une autre, une toute petite perspective en plus. Cette « vérité » que je pensais avoir trouvée pouvait être niée par le premier venu, par le premier inculte venu, alors même que je m'étais efforcé d'imaginer une politique d'une haute valeur intellectuelle. Rien de tel qu'une bonne claque pour renouer avec l'humilité ! En politique rien n'est jamais fini, aucune vision n'est définitive, le chantier est perpétuel. *Première leçon.*

Je prétends écrire ici des réflexions politiques, mais n'est-ce pas là un oxymore ? Dans le texte *Circum 40* je m'essaie à formuler un programme politique complet, sur la base de ce que je crois être une certaine forme de logique. Mais la logique a-t-elle jamais fait gagner une seule élection à un parti ? Les émotions et les intérêts font gagner un parti, pas les réflexions, toujours trop longues, trop froides, trop réservées à ceux qui en ont l'habitude. Combien de personnes en France lisent des hebdomadaires politiques (le Point, l'Express, Figaro Magazine, Valeurs Actuelles, etc.) ? Combien lisent des essais sur la vie publique en France ? Un parti politique qui ne représenterait que les lecteurs confirmés n'aurait aucune chance de parvenir au pouvoir. Alors, peut-être que si je me contentais d'imaginer un slogan, des promesses et des mensonges, et surtout si je connaissais les bonnes personnes, pourrais-je faire entendre ma voix bien mieux qu'avec ce livre ? Mais je ne souhaite pas agir ainsi. *Deuxième leçon* donc : je ne suis pas fait pour la politique. Car je crois toujours trouver dans la logique, le bon sens, la rigueur, des arguments infaillibles. La vie en société n'est pas aussi simple qu'une bonne logique ou qu'une argumentation parcimonieuse ! Je suis un scientifique de formation ; je peine à accepter que les Hommes, pour gérer leur vie ensemble, puissent inventer des lois plus complexes que les lois de la Nature. Je vois une inutile complexité de la société, qui ne fait que remplacer la sélection naturelle par la sélection culturelle, quoi qu'en disent les belles âmes.

Précautions d'emploi

Premièrement. Que le lecteur ne prenne pas mes réflexions et mes opinions au pied de la lettre. Comme dans tous mes livres jusqu'à présent, j'écris avec le souci d'être un exemple à suivre – ou à fuir. Je veux ici exposer mon chemin intellectuel en matière non plus d'agriculture ou de Nature, mais de politique. Je veux montrer *comment on peut arriver à penser que...* J'essaie d'éclairer du mieux possible mon chemin : que le lecteur regarde les tours et les détours, les montées, les faux-plats, les descentes, les brusques coups de frein. À chaque fin d'étape je pose mon opinion ; que le lecteur dissèque la course pour comprendre comment je passe d'un point à un autre, et qu'il prenne ce qu'il veut.

J'ai conscience que dans certains textes je me rapproche d'opinions d'extrême droite. C'est volontaire, pour deux raisons. D'abord par provocation face à ce que l'on appelle désormais la bien-pensance de gauche, incarnée par l'actuel gouvernement socialiste et par ses défenseurs, les associations « antifascistes » ou moralistes. Est-ce une bonne chose de jouer la provocation ? C'est que j'ai lu Michel Onfray, pas tout, mais j'apprécie le philosophe. Je suis ici un petit poucet qui court dans son ombre. Ses réflexions donnent le courage de parler et d'écrire pour dénoncer les faux philosophes et les prêcheurs de morale, qui font tout le contraire de ce qu'ils enseignent. Il faut faire une saine provocation pour secouer les habitudes philosophiques, sociales et politiques d'une France qui s'endort. Je vais mimer le maître, mais en amenant bien sûr ma pierre personnelle, pour créer un édifice connexe. Alain écrivait : « Il n'y a qu'une méthode pour inventer qui est d'imiter. Il n'y a qu'une méthode pour bien penser, qui est de continuer quelque pensée ancienne et éprouvée »[2]. Ensuite, j'adopte un discours de droite de la droite par pragmatisme, dépité que je suis face aux partis socialistes ou républicains qui n'arrivent pas à gérer l'argent du contribuable depuis trente ans ! Pour moi l'opposition gauche | droite n'a plus de réalité. Elle n'existe plus que dans la volonté de partis concernés de la maintenir. Je sais bien que la gestion de l'argent public ne serait peut-être pas meilleure avec le Front National aux manettes, mais la progression du Front National aux niveaux régionaux, départementaux, communaux peut obliger

---

2 ALAIN, *Propos sur l'éducation*, cité par Samuel TOMEÏ in Humanisme n°298.

les élus en place depuis une décennie (ou plus) à faire évoluer leurs habitudes. Car quoi qu'on en pense, qu'on soit satisfait ou non du développement de la France depuis vingt ans, la dette nationale est bien là, énorme, sans cesse croissante (les gouvernements successifs ont dû se tromper de croissance !) Plus de 2000 milliards d'euros : c'est deux fois le montant de l'argent liquide en circulation en Europe ! L'augmentation de la dette n'a aucune conséquence pour nos élus ; on ne les met pas en prison pour avoir dilapidé l'argent public. On ne les destitue pas (pour si peu, diraient certains). Cependant, pour le contribuable qui doit gérer son budget sans le dépasser sous peine d'avoir des interdits bancaires et de voir ses biens saisis par un huissier, *la dette nationale aura un jour pour conséquence des privations de liberté individuelle.* Rappelons-nous que pour honorer la dette nationale, l'épargne de chaque Français peut être saisie, car c'est au nom du peuple français que nos élus gèrent l'argent public, *donc c'est le peuple, vous et moi, tout le monde, qui est responsable de la dette.* La dette nationale est à notre nom à tous. Voilà qui remet les yeux en face des trous, comme on dit. Et voilà qui devrait inciter le bon peuple de France à remettre les points sur les i pour ce qui est du travail de ses élus.

Deuxièmement. Le lecteur doit savoir que je mène mes réflexions à la manière d'un idéaliste : je cherche les *façons de penser* qui peuvent expliquer la vie des gens, et quand je crois en avoir identifiée une, je la déroule autant que possible, parfois presque jusqu'à l'absurde. Dans le monde des idées, je ne prends pour seule limite que la logique. J'aime que les idées et les perspectives soient clairement identifiées et distinguées les unes des autres, sans quoi la confrontation avec la réalité ne produira aucun résultat utile. Je suis un peu manichéen sur ce point-là. Je sais que la réalité est bien sûr plus mesurée, plus nuancée, que les idées abstraites et absolues. La rigueur de la pensée n'implique pas la rigueur de la réalité, nuance ! Dans la vie courante je suis un manuel, je jardine beaucoup et je bricole, j'ai été technicien de laboratoire, j'ai été et suis à nouveau vendeur. J'ai le sens pratique et j'ai le sens du contact pour prendre en considération l'identité de mes interlocuteurs. Dans la réalité il faut tenir compte de nombreuses variables. La première étant l'individu. Dans le monde des idées, au contraire, on peut penser sans limite, dans l'absolu, et je crois qu'il ne faut pas s'en priver. Les conceptions politiques que vous trouverez ici ne sont pas à prendre au pied de la lettre. Si je devais vivre en me conformant strictement à mes idées, je serais un être boiteux et souffrant, dans ma vie intellectuelle et émotionnelle. L'intérêt des conceptions idéalistes réside dans leur absence de compromis : ainsi elles peuvent servir de points de repère solides. Aucune d'elles ne sera un jour mise en pratique, mais je ne regrette pas l'effort qu'elles m'ont coûté. Grâce à ces repères, je pense comprendre un peu mieux la vie politique en France.

Troisièmement. Que le lecteur ne soit pas effrayé par le monde des idées : même si je cherche quelque chose dans ce monde par définition abstrait, je m'y déplace, je réfléchis et j'écris en utilisant la langue de tous les jours. Je pense que ce livre est accessible à tout le monde. Les universitaires trouveront mes arguments trop peu solides, trop mal imbriqués, mes objectifs trop vagues, mes références trop peu nombreuses. N'étant pas un expert en politique, je passe souvent d'un champ à l'autre selon la formule de « rassembler ce qui est épars ». Je confronte ma propre expérience à d'autres perspectives, je confronte la technique au social, la politique à la géologie, la culture à la dictature. Si l'on ne varie pas ses sources, il ne sert à rien de prétendre avoir l'esprit critique.

Réfléchir par soi-même est d'une importance capitale, comme le répètent les intellectuels. Mais certains d'entre eux n'acceptent pas que les gens du peuple expriment, sur la place publique, leur opinion sur un sujet pour lequel ils n'ont reçu ni diplôme ni titre d'expert. Je trouve de telles remontrances injustifiées, quand bien même je sais qu'une opinion longuement réfléchie permet en général de voir mieux et plus loin et qu'une opinion trop rapide, parce que trop nourrie d'émotions, ne sert souvent qu'à éviter (par la mise en mots) les frustrations ou les pleurs. Je préfère que chacun s'exprime, que les différences d'opinions soient mises en lumière et identifiées. À bas les préjugés : personne n'est infréquentable, chacun de nous cherche le bonheur, chacun de nous est aux prises avec des erreurs de pensée et un manque de connaissances. Il n'y a pas à choisir entre la froide réflexion intellectuelle et celle plus empreinte d'émotions ; on ne sépare pas la tête du cœur. Si, lors d'un débat houleux, on en vient à échanger métaphoriquement des coups de bâtons, c'est que chacun en a bien besoin. Comme dans le célèbre village gaulois : après une bonne bagarre la paix revient. Chacun de nous a une part de vérité, chacun peut avancer sur son chemin, nous sommes tous uniques. Mais on peut se retrouver à la *croisée des chemins* et, si on le souhaite, on peut alors commencer à défricher ensemble un nouveau chemin. *Troisième leçon* de politique : comme l'écrivait Antoine de Saint-Exupéry « Loin de me léser, ta différence, mon frère, m'enrichit ».

Faire amende honorable

Mon intention de départ est de réfléchir posément, objectivement, à certains aspects de la vie quotidienne qui me causent des désagréments. Je pense ne pas être la seule personne à éprouver ces désagréments, et donc je veux croire qu'une autre politique (locale et nationale) saurait les résoudre et les prévenir. Des réflexions qui ne valent pas que pour moi sont, en un sens, objectives. Mais chassez l'émotion par la fenêtre, et elle revient par la porte ! Mes réflexions sont malgré moi parsemées d'émotions plutôt négatives à l'encontre de nos élus. Si je les enlève, les réflexions perdent leur saveur. On en revient à l'idée qu'en politique, la logique seule n'existe pas, la logique seule ne mène à rien. Si donc je vexe quelques personnes par mes mots, comme le dit le proverbe chrétien, « que celui qui n'a jamais pêché... » Et comme le dit la sagesse bouddhiste, « l'ignorance est le premier poison », sachez qu'on fait autant de mal en ne disant pas et en ne regardant pas qu'en actionnant une arme. Avec ce livre, je vous invite au chemin pacifique, constructif et thérapeutique de la réflexion. En fin d'ouvrage je récapitulerai toutes les leçons politiques que ces réflexions m'ont fait découvrir.

LA FABRIQUE DES SOUS-HOMMES

Part d'émotivité du texte : ++++ C'est un texte « coup de gueule », on déteste ou on adore.

Part de logique : ++ Je fais confiance au lecteur pour aller chercher, dans sa vie, des exemples qui confirment mes arguments personnels.

La France, pays des Lumières, pays où chaque individu a la Liberté de s'épanouir, pays où la Fraternité permet aux plus faibles de se relever, pays où tous les individus jouissent de l'Égalité des chances.

Voilà ainsi résumées toutes les paroles et les réflexions de nos si nombreux élus de gauche et de droite, qui œuvrent à protéger et à construire une France toujours plus éclairée.

Selon eux. Selon leurs mots. Des mots, ce ne sont que des mots. Au lieu de s'astreindre à concrétiser ces mots, nos élus œuvrent à faire du peuple français un peuple dénué d'esprit critique et servile. Ils œuvrent à faire de nous des *sous-hommes*.

Comment s'y prennent-ils ? Eh bien un pays dont la devise est « liberté, égalité, fraternité » ne peut se construire que si chacun de ses habitants prend des initiatives en ce sens, s'active en ce sens, mû par la volonté de participer à édifier une société où chacun peut vivre en « bonne intelligence », pour tendre vers les valeurs contenues dans cette devise nationale. Nos élus de gauche comme de droite ont précisément pour objectif de saper toutes ces initiatives, initiatives dont la forme la plus évidente est la création d'un emploi, d'une activité professionnelle. Tout citoyen désire un emploi, en créer un ou en obtenir un, pour subvenir à ses besoins et aussi, par l'impôt, pour aider indirectement tous les autres habitants à créer ou à trouver un travail, en plus de bénéficier des infrastructures communes. Nos élus décident de lois et de réglementations pour justement réduire au minimum l'emploi par toute une série de mesures.

Première mesure : Ils obligent à payer des taxes avant même que la personne créatrice d'entreprise ait gagné le moindre sou. Droit de place sur les marchés, taxes d'aménagement pour construire des bâtiments, frais d'immatriculation d'entreprise, normes imposant un matériel onéreux donc nécessitant de prendre un crédit... *Il faut payer le droit au travail.*

Deuxième mesure : Ils obligent à payer impôts et autres prélèvements obligatoires *sans proportion* par rapport à l'argent que gagne chaque actif. La majorité des fermetures d'entreprises est due non pas à un manque de capacité des entrepreneurs mais à ces impôts et cotisations qu'il faut payer même quand le chiffre d'affaires est faible, ce qui plonge les entreprises dans une spirale de dettes auprès des banques. Pensons au scandale du RSI, le régime social des indépendants qui, en prélevant autoritairement sur les comptes, a mis de nombreuses entreprises en faillite. Le message est clair : celui qui veut travailler doit, avant même de se nourrir, payer l'assurance maladie, chômage, retraite ... Celui qui veut travailler doit d'abord donner l'argent gagné aux autres : le communisme à la française ?

Troisième mesure : Ils accordent plus d'argent aux personnes qui ne veulent pas travailler, que les personnes qui démarrent une activité et ne gagnent par encore beaucoup d'argent. Quand un cas social perçoit 450 € par mois, se fait payer eau, électricité, chauffage, loyer, celui qui démarre son entreprise et fait un petit chiffre d'affaires, une fois les cotisations et les impôts payés, il lui reste moins d'argent que le cas social. Voire il ne lui reste rien du tout. De ces entrepreneurs, les élus et les médias en font des héros, en font des preuves vivantes qu'en France l'entrepreneuriat est possible pour celui qui veut bien prendre des risques et sait consentir à des sacrifices ! Quelles belles paroles de sophistes ! Le brave homme qui peine à gagner ses premiers sous a honte d'en gagner si peu, il n'ose pas rendre les impôts et les cotisations responsables de son état. Mais si on lui dit qu'il est un battant, il ne va plus du tout oser ouvrir la bouche pour contester. Voilà où on en est, voilà notre fierté nationale.

Quatrième mesure : Nos élus créent une législation compli quée dans laquelle le citoyen ne peut pas se retrouver pour cause d'innombrables renvois et de définitions arbitraires.

Cinquième mesure : Ils décident que l'administration n'a pas à aider le citoyen à respecter la loi. Pour cela ils interdisent toute formation au personnel administratif, qui enfonce alors le citoyen dans des erreurs qu'il aura commis par inadvertance. Cela pour lui sous-tirer un maximum d'argent, ce qui va sans dire. La particularité de notre bon pays, c'est qu'en plus de se faire rouler dans la farine par des commerçants, on peut aussi se faire rouler par notre administration ! Oui, nous sommes bien un peuple créatif, la preuve en est notre débauche de lois. Comme disait l'autre, il faut avoir confiance dans l'inventivité des Français, car ce sont eux qui ont inventé la pêche à la grenouille ! L'administration tient la canne.

Sixième mesure : Les personnes qui désirent créer une petite entreprise, qui ne font pas de ventes importantes, n'ont pas le droit de cotiser pour leur retraite, pour la maladie, pour les familles. Ce droit leur est refusé : ils ne peuvent payer que l'impôt CSG. Les élus décident donc que ces personnes ne doivent pas payer d'impôt *plutôt que de payer un impôt proportionnel à leur effort de travail*. Elles leur refusent ce devoir qui est aussi une fierté.

Nos élus transforment donc les Français en sous-hommes :

Sous-hommes, car ils ne peuvent pas se lever, ils sont écrasés par des textes législatifs incompréhensibles et par des impôts, cotisations, taxes... sans lien avec leur effort de travail. Les élus interdisent de contribuer à l'effort national en proportion de l'effort de travail de chacun.

Sous-hommes, car les élus nous font comprendre que c'est notre droit de ne rien faire, et ils nous encouragent à rester toute la journée devant la télé en nous versant une myriade d'allocations.

Sous-hommes, car les élus, insidieusement, nous font abandonner la fierté de travailler.

Les élus cassent ainsi la volonté du peuple ; mais ils vendent aussi son corps. Ils autorisent des étrangers à prendre possession de ce qui fait la renommée de la France : vignobles, fromages, châteaux et manoirs, clubs sportifs, haras...

Les élus ont aussi démonté les outils de travail des Français : en autorisant les délocalisations massives, ils ont signé la fin pour les Français de produire eux-mêmes leurs vêtements, leurs chaussures, leur technologie de communication, leurs outils même. Mise à nu et vulnérabilité.

Les élus ont interdit à notre pays de préserver son identité : ouverture totale des frontières pour les personnes et les marchandises, abolition de la monnaie nationale, absence de politique pour une autonomie énergétique qui nous rend totalement dépendants des pays exportateurs de pétrole et d'uranium. Notons les subventions aux associations « no-border » et assimilées qui réclament la fin de la nation française, aux syndicats et à la presse : tous de gauche, comme par hasard...

Enfin, pour faire taire les personnes qui expriment des revendications identitaires, ils ont érigés en chiens de gardes des associations issues du peuple même, qui portent devant la justice les moindres allusions de « discrimination ». Association diverses de lutte contre le racisme, contre la critique des religions, contre les propriétaires de biens immobiliers... toutes largement subventionnées elles aussi. Il s'agit d'interdire les divergences d'opinion et instaurer une insidieuse bien-pensance : l'infériorité du citoyen français par rapport à l'étranger. Toute réflexion, remarque, analyse, qui indique une différence culturelle ou religieuse est promptement taxée de fascisme par ces associations qui revendiquent la « liberté absolue de conscience ». Qui tient la matraque ?

Alors, bien sûr, nos élus sont incapables de prendre des mesures pour que l'islam terroriste ne prenne pied en France. Aujourd'hui avec les attentats de Paris du 13 novembre, la France est de facto passée sous la loi islamique. La charia a été appliquée en France, avec une force que nous n'avons pas pu contrer. Nous avons perdu.

La stratégie de nos élus est de faire de nous des sous-hommes : des hommes, et des femmes, avec de grands idéaux mais incapables, entravés pour les mettre en pratique. On ne nous laisse plus que le droit de prendre les illusions pour la réalité. Les sous-hommes que nous sommes devenus peuvent ainsi être sans heurts guidés vers les bourreaux, qu'ils soit islamistes (adorateurs d'un dieu vengeur) ou capitalistes (adorateurs du dieu argent). Nos élus veulent nous maintenir dans le rêve pour mieux nous déposséder dans la réalité.

En 2012 j'avais voté pour le candidat Hollande, car vu d'Allemagne l'incompétence du candidat Sarkozy était manifeste. Je pensais naïvement que la gauche actuelle représentait le progrès humain, ce progrès que Jules Ferry ou Littré incarnaient par exemple. Grave erreur, nous ne sommes plus au XIXe siècle. Michel Onfray, entre autres, a bien démontré comment élus de gauche comme de droite ne pensent qu'à vivre au crochet du peuple, tous sortis de l'ENA ou bercé par les fables des énarques. Des vampires populaires (pour ne pas dire populistes). Tous maintenant ils perçoivent des pots de vin de la part des pays exportateurs de pétrole. Tous ils n'ont jamais travaillé de leurs mains, ils n'ont jamais mis en valeur le sol et la nature de la France, bref ils ne connaissent rien de la France. Et le peuple reste docile. Ou bien lucide, mais alors il préfère jouer, égoïstement, avec les failles du système plutôt que de démonter le système pourri. Les nécessaires arrangements avec la loi pour parvenir à vivre de son travail donnent mauvaise conscience au peuple de France. Je souhaite qu'un jour le peuple n'accepte plus ce qu'il est devenu ; encore faut-il qu'il se souvienne où se trouve sa grandeur.

Où démarre le grand nettoyage politique et social ? Il faut commencer par un arrêt total, sur tout le territoire national, de toutes les activités. Il faut une grève générale, inconditionnelle, illimitée et une marche populaire pour démettre les élus de leurs fonctions (députés, sénateurs, maires, présidents des innombrables et inutiles collectivités de toute sorte). Il faut remettre en place une nouvelle organisation socio-économique qui redonne à notre pays son souffle d'abord, puis ses valeurs des Lumières et une direction à long terme pour le futur. Continuons à râler gentiment, sans montrer les dents, et les élus vont continuer leur œuvre de destruction de la France, et ensuite de l'Europe.

Europe qu'ils n'ont jamais voulue efficiente et juste : leur objectif n'a jamais été que d'abolir les nations européennes, les rendre fragiles pour les contraindre à s'agréger, et appliquer à elles toutes en une seule fois l'étape finale de leur plan : transformer les Européens en esclaves des plus riches, arabes ou américains. L'esclavage est la finalité inéluctable de l'Homme a qui on a renié ses droits fondamentaux. La déconstruction de la démocratie illuminée de la philosophie des Lumières conduit... à la fin de la démocratie tout simplement, au fascisme. Les martyrs qui se sont fait exploser à Paris, tuant avec eux des centaines de personnes, ne sont aussi rien d'autre que des esclaves du fascisme, le fascisme de l'islam fondamentaliste.

Il est encore possible de sortir de cette voie de déchéance que les élus de gauche et de droite ont tracé pour le peuple de France (et d'Europe) dès la fin de la guerre froide. Il faut agir maintenant. Mais nous n'agirons pas, c'est évident. On préfère être tristes comme des cailloux et raconter des rêves, c'est plus facile. Comme dit l'autre, on a les élus qu'on mérite. Je crains le pire.

LE PRIX DES LOIS FANTOCHES

Part d'émotivité du texte : +++ C'est une critique qui se base sur des constats et des intentions affichées. Mais elle inclut aussi des suspicions, des craintes, des peurs, des insinuations un brin provocantes, ainsi qu'un peu de chantage pour les réélections.

Part de logique : +++ Les arguments sont amenés, au lecteur de les évaluer.

Crise économique sans fin, taxes abusives, changement climatique, attentats islamistes... Il existe un lien entre tous ces aspects pénibles de la vie en France aujourd'hui. Voici le texte que j'ai envoyé à mon député, pour lui présenter mes préoccupations, lui exposer ce lien et indiquer des actions pour remédier à ce mal du temps présent.

J'invite le lecteur à se départir de ses préjugés binaires : français de souche versus homme du monde, politicien versus citoyen, athée versus croyant, etc. Il s'agit dans ce texte de construire un demain qui ne soit pas comme aujourd'hui ou comme hier : créons un demain nouveau, sur la base de fondations que nous jugeons larges, solides et prometteuses !

Cher Mr le député,

Je souhaite vous informer à propos de deux aspects de ma vie administrative quotidienne, qui me dérangent, et des réflexions politiques que cela m'inspire.

1. Dans un courrier daté du ..., je vous expliquais mon dépit face à la taxe d'aménagement pour ma serre de jardin. Taxe obligatoire, m'a confirmé la DDTM de la Manche. Trente-

cinq euros du mètre carré, c'est énorme. L'architecte du CAUE de Saint-Lô m'a confirmé que beaucoup de personnes abandonnent leur projet de construction d'abri de jardin ou de serre, car le montant de la taxe est supérieure au coût de construction (matériaux, main-d'œuvre) ! Dans mon cas, j'ai payé la serre 800 euros H.T., avec environ 200 euros de TVA, et viennent s'y ajouter 830 euros de taxe d'aménagement. Soit plus de taxes que de matériaux. J'en déduis : {a} Quelle taxe mortifère pour l'économie. Tout à fait dommageable dans le contexte économique actuel.{b} Pour calculer le montant de la taxe, il faut déclarer uniquement la surface avec une hauteur supérieure à 1,80 mètre. Et pourquoi pas 1,81 ou 1,79 m ? La serre est taxée avec les mêmes règles que pour une habitation ! {c} Pour ne pas la payer du tout cette taxe, je pourrais démonter un côté de la serre, car il n'y a de création de surface taxable qui si une surface est enclose. Mais j'aurais dû être averti de cette possibilité avant de déposer la déclaration préalable. Conditions par-ci, pré-requis par-là, j'appelle cela une *taxe fantoche*. C'est digne d'une république bananière. Pour être en conformité avec la loi, il me faut agir comme un idiot, en acceptant que ma serre, composée d'arceaux en métal et d'une bâche translucide, où je cultive des tomates (option b ou c), soit taxée comme une maison en dur, avec chauffage et tout le confort moderne ! Je dois ravaler ma fierté. En tout cas, cette taxe est la preuve d'une absence de sens des responsabilités de la part de l'administration, de la DDTM dans ce cas.

2. Je vis seul, et par an je dois payer 150 euros de taxe pour les ordures ménagères. Je ne sors ma poubelle que six fois par an, ce qui fait que pour chaque ramassage de poubelle je paie 25 euros. Sachez que le montant de cette taxe est identique, pour une personne seule ou pour une famille nombreuse, pour une personne qui fait attention à ne pas acheter d'emballages ou pour une personne qui ne se restreint pas dans ses achats.

Une famille de cinq personnes paie autant que moi alors qu'elle produit cinq fois plus de déchets. Une famille qui ne trie pas déchets, qui jette ensemble verre, papier et restes de repas, paie autant. Déduction : dans la communauté de commune, le ou les responsables des ordures ménagères ignorent sciemment le fait que *la quantité de déchet produite est affaire personnelle.* La quantité d'emballages varie selon le degré de confort désiré. Il n'existe aucune justification pour qu'une personne qui n'a pas besoin d'emballages paie pour celle qui en utilise beaucoup. Une telle taxe déresponsabilise les individus, et elle est injuste.

Ces deux taxes sont fantoches, et cela m'oblige à la réflexion politique. J'espère que vous ne m'en voudrez pas personnellement pour les quelques critiques à l'encontre de votre fonction, mais je pense que, par principe, le rôle des députés est justement d'entendre les critiques et de les faire fructifier. Je ne veux que contribuer à améliorer la situation.

Le point commun à ces deux taxes est leur origine : des décisions qui ont été prises, par l'administration (la DDTM de la Manche d'une part, la communauté de communes de Saint-Lô d'autre part) sans se référer à notre devise nationale Liberté – Égalité – Fraternité. Quels que soient les textes de loi, décrets, normes (on appelle cela comme on veut, au fond c'est toujours la même chose), je pense que *la devise nationale doit être la clé de voûte en toute situation. Je suis convaincu que les ministres comme les élus locaux ont perdu cela de vue.* Pour la taxe d'aménagement par exemple, quel lien avec la devise nationale me demanderez-vous ? Il n'y en a aucun, justement. Donc cette taxe n'a pas lieu d'exister. Quant à la taxe des ordures ménagères, qui est imposée sans tenir compte du nombre de personnes par foyer ni du volume de déchet, c'est pour moi un signe de déchéance de l'administration, preuve d'un mélange de fainéantise, d'incompétence et de mauvaise volonté. Liberté pour tout un chacun de

consommer comme il veut, fraternité pour permettre le nécessaire recyclage des déchets, égalité pour tout un chacun de
payer le recyclage des déchets dont il est responsable. *Égalité
des responsabilités*. Et il y a pire qu'ici : certaines communes
font payer une taxe d'ordure ménagère de 400 euros aux propriétaires de bâtiments non habités ! Ces communes ne disent
pas qu'elles prennent les gens pour des cons, elles les traitent
comme des cons. Non, il est impossible de faire pire, on est
éclatés dans le mur ou écrasés dans le fond du trou, c'est
arrivé et on ne s'en rend pas compte.

La multiplication, sans fin et en tout sens, des lois, décrets,
normes, codes, etc. adoptés chaque année, dans tous les autres
domaines de la vie en France, me semble confirmer mon point
de vue : cette multiplication tous azimuts n'est-elle pas la
preuve qu'on ne sait plus pourquoi, et comment, faire une loi
qui implique la levée d'un impôt au nom de la nation ? Si on
le savait, on n'assisterait pas à cette débauche de lois, décrets,
taxes, normes, cotisations... L'application de la devise nationale pour toute décision publique génère *l'ordre républicain*.
Cet ordre est le seul ordre qui donne à tous les individus la
possibilité de s'épanouir, et qui donne à la société sa direction
humaniste. Toute décision, que ce soit au niveau du gouvernement comme au niveau de la commune, qui dans son élabora-
tion et dans ses effets ne se réfère pas à la devise nationale,
est in fine une entrave à l'épanouissement des citoyens en
même temps qu'elle sape le vivre ensemble, engendre du communautarisme et fait dérailler de la voie humaniste.

Vous savez comme moi que le front national est en passe de
devenir le premier parti de France. Certains disent que c'est
l'issue inéluctable d'une division entre d'un côté les partisans
d'une ouverture totale des frontières (accueil de tous les clandestins, finance libre, etc.), et d'un autre côté les partisans
d'une fermeture. Ou d'un côté les humanistes, de l'autre les
réactionnaires. Ou les « multiculti » ou les identitaires. Sans

s'appesantir sur la puérilité de ces découpages binaires, pratiqué par de nombreux médias, sans s'appesantir non plus sur les faux humanistes qui pensent qu'une société n'a pas besoin d'ordre, effectivement il semble évident que les Français ne veulent pas perdre leur culture ni se voir imposés une autre culture (la culture islamique notamment). N'est-ce pas leur bon droit ? Refuser une culture implique-t-il le racisme pour autant ? Non. Et l'histoire ne nous enseigne-t-elle pas que les invasions culturelles sont préludes aux guerres ? Tiens, ne sommes-nous pas en guerre d'ailleurs ? La vidéo sur youtube.com, « Vous allez avoir peur » fait la synthèse de ce choc des cultures en huit minutes. Elle a été visionnée plus de trois millions de fois. Je vous invite à la regarder. Bien sûr, si vous disposez d'un peu d'intelligence, d'un peu de bon sens, vous comprenez que l'absence de réaction face à un islam fondamentaliste belliqueux et la production quotidienne de lois fantoches sont les deux faces d'une seule et unique réalité politique. En avant la démonstration.

Pour devenir le premier parti de France, il manque au FN l'ordre : une politique de l'ordre économique et social. Le parti est en train de remédier à cela, soyons-en certain ; cela démarre par la preuve qui sera apportée, que les mairies FN et bientôt les régions FN, seront aussi bien gérées que par d'autres partis. Je crois cela possible, raisonnable même. Remontons au niveau national : je pense que le FN peut réintroduire de l'ordre en France, pour éviter par exemple que ne soit décidées encore plus de lois fantoches telles les deux que je dois éprouver. Vous pensez que tout va bien en France ? Essayez simplement de créer une entreprise, et constatez les incohérences entre les services des impôts et les organismes qui prélèvent les cotisations sociales. Essayez, pour rire, de créer une petite entreprise. On vous dira que vous n'avez pas le droit, car vous ne ferez pas assez de profit. Par exemple l'URSSAF ne vous autorise pas à exercer (ne vous donne pas un numéro SIRET) si vous n'êtes pas en mesure payer les 4700 euros annuels minimums de cotisation. « Reste à la CMU, viens pas faire ch... avec ton projet de petite entreprise » doit-on comprendre ? Oui, les gouvernements et les députés ont créé de telles lois iniques pour interdire implicitement, tacitement, les petites entreprises. Car ils ne peuvent pas le dire à voix haute. Peut-être se le disent-ils entre eux, avec la même jouissance secrète qui animait notre président quand il se moquait des « sans-dents » ? Il y a peut-être quelques députés honnêtes, qui se reconnaissent à leur refus de percevoir un salaire plus élevé que le salaire médian des Français et refusent d'utiliser la cassette de 200 000 euros que la loi leur autorise à dépenser selon leur bon vouloir. Non ? Cette volonté d'interdire les petits profits est la seule explication au refus d'autoriser une imposition et des cotisations sociales *proportionnelles* au profit réalisé par l'entreprise. [Je rajoute a posteriori qu'il me semble qu'on préfère qu'une entreprise ferme plutôt qu'on lui accorde de moduler ses cotisations sociales.]

Bon, arrêtons là le dépeçage de la législation économique, qui conduirait in fine à réintroduire dans la sécurité sociale et le trésor public les notions de responsabilité individuelle et de finances publiques définies et non extensibles à l'infini. C'est une évidence que les bases sont pourries. Il faut tout remettre à plat, il faut repartir de zéro. Il faut un nouvel ordre. Mais il n'y a aucune garantie aujourd'hui que cet ordre à venir soit l'ordre républicain, hélas, au vu de la conjoncture actuelle. Nous sommes des millions de Français à ne plus pouvoir faire confiance à l'UDI, au PS ou à l'UMP pour incarner à nouveau l'ordre républicain, car depuis trente ans ils déconstruisent cet ordre. Pour incarner l'ordre républicain, il faut de la grandeur d'esprit. Et permettez-moi de dire, à l'encontre de votre parti, que changer le nom du parti (UMP en Les républicains) pour ne plus que Mme Le Pen utilise son jeu de mot préféré

(UMPS), a démontré une certaine mesquinerie d'esprit [un manque de hauteur]. Personne n'est dupe, et la manœuvre a produit l'effet inverse : conforter le front national. À raison.

Aujourd'hui, contre la gauche ou la droite, existent de nombreux extrémistes : ce sont majoritairement des anarchistes de gauche comme de droite, qui se nourrissent de l'actuelle absence d'ordre (pour qui la devise nationale n'a plus aucune signification, et les lois fantoches leur donnent raison). Des anarchistes qui rarement se fédèrent en parti politique, mais qui tous appliquent la devise « profite du système, sinon le système profitera de toi ». Et ils sont très populaires, car cette devise est répandue dans toute la société : la preuve en est l'existence des innombrables fraudes et abus du système de sécurité sociale, et l'existence du *marché noir*. Les perquisitions de l'URSSAF sont très mal acceptées par les entrepreneurs, qui sont ainsi forcées de suivre les lois fantoches. Par leur absence de cohérence et de justice, les lois fantoches sont mortifères pour l'entrepreneuriat, donc elles ne peuvent qu'engendrer du marché noir. Elles sont la condition de l'extension, de la généralisation, du marché noir. Marché noir qui est un réflexe de survie face à l'injustice. Et ce marché noir engendre la faillite de la fraternité : c'est le début d'une spirale néfaste. Les politiques et l'URSSAF brandissent le bâton de la morale pour les fraudeurs : « vous ruinez la France, vous êtes des meurtriers, des esclavagistes ! » C'est le comble, c'est le voleur qui accuse la victime. On nous prend pour des cons, on nous traite comme des cons [, faisons donc ce qu'il faut pour survivre].

Remontons, reprenons un peu de hauteur. Une conséquence dramatique de ce délitement de la fraternité est que nous envoyons des soldats se battre, donner leur vie, avec leur devise honneur et fidélité envers la Nation, alors que nous-même citoyens n'avons plus confiance en nos élus pour appliquer correctement la devise nationale. Honnêtement, êtes-vous fier d'envoyer nos soldats risquer leur peau pour qu'ils protègent notre droit à payer une taxe de 35 euros le mètre carré pour un serre ou un abri de jardin ? [Leur sang versé est la défense de la patrie, leur sang versé doit faire sens ; les lois fantoches déconstruisent le sens de l'armée.] Les bases sont perdues de vue.

Après mes études, ne trouvant pas de travail en France, je suis parti en Allemagne en 2005. Revenu fin 2011, ma famille, contente de me revoir, m'a cependant averti que les conditions ne sont pas bonnes pour travailler en France. En effet, ce sont aussi des lois fantoches qui obligent les entrepreneurs à payer d'abord cotisations sociales et impôts avant d'avoir gagné le moindre sou. Et par la suite ces impôts et cotisations ne sont pas proportionnelles aux marges (la différence entre les achats et les ventes). L'administration, nos élus, mettent la charrue avant les bœufs. La majorité des fermetures d'entreprise est due aux prélèvements obligatoires qui mettent à découvert les comptes des entrepreneurs. Un comble, oui c'est un comble. Sortez de France et vous verrez qu'ailleurs on ne demande à personne de payer plus d'impôts ou de cotisations qu'il ne gagne. Pire encore : par exemple les chambres d'agriculture décident quelle doit être la taille d'une exploitation agricole pour être économiquement viable. Quelle intrusion éhontée de l'administration dans les décisions de l'entrepreneur ! Les chambres d'agriculture autorisent ou non la création de bâtiments agricole selon qu'elles jugent l'investissement rentable ou non. Quid de la liberté de l'entrepreneur ? « Sois créatif, mais seulement si tu nous apportes la preuve que ça va faire augmenter prodigieusement ton chiffre d'affaires te laisserons-nous concrétiser tes idées ! » doit-on comprendre. L'entrepreneur est tenu en laisse, et ce dans tous les domaines, par une administration qui ignore que par définition une entreprise est toujours un *pari*. Mais elle ne peut l'ignorer. Je ne crois pas à l'incompétence. Certes il y en a,

mais un tel contrôle sur l'entrepreneur relève d'une stratégie.
Museler les petits pour que s'épanouissent les gros : c'est cela
notre bonne France, tout simplement. Alors, entre les privilèges pour les uns, la laisse pour les autres, le bonnet d'âne
encore pour d'autres, est-ce là un point de non-retour, dans
l'absence d'ordre, qui a été franchi et qui confirme la pente
déconstructrice sur laquelle notre pays est engagé ? Je le
crains. Monsieur, il faut savoir que si dans un pays les
sommes collectées par les impôts et taxes assimilées sont élevées, c'est parce que l'économie du pays est saine. Et non pas
parce que les taux d'imposition sont élevés. Il faut penser
dans le bon sens. Les gouvernements, la haute administration,
les administrations locales, depuis une vingtaine d'années
ignorent cette réalité : ils pensent l'économie à l'envers ! Au
plus haut niveau, ce sont pourtant (ou pour cause) des
énarques, des gens hautement intelligents, organisés, et
visionnaires...

Concrètement, et pour en revenir à ma situation, c'est pour
cette raison que je ne peux pas créer une véritable entreprise
agricole et que je dois rester à la CMU, c'est-à-dire que ce
sont les autres qui paient ma sécurité sociale, alors que moi je
voudrais bien contribuer en proportion de mes bénéfices de
mon exploitation. Mais non, je n'ai pas le droit. Si je voulais
être reconnu comme agriculteur, je devrais verser au moins
4000 euros annuellement à la MSA. Or, comme je souhaite
créer une petite entreprise agricole, pour faire 3 à 4000 euros
de ventes annuelles (car je veux exercer à côté une autre activité), c'est impossible. Je ne peux pas cotiser pour l'assurance
maladie ni pour la retraite, on me l'interdit. « Chacun sa part
selon ses moyens ? Non, mon bon monsieur, pas de ça en
France ! » dois-je comprendre. Vous n'ignorez pas que l'auto-
entreprise est interdite pour l'agriculture. Décision fantoche
de la MSA, qui elle aussi semble avoir perdu de vue la devise
nationale. Pour aller jusqu'au bout dans ma logique, je dois

dire que le statut d'auto-entrepreneur est aussi un statut fantoche, un pis-aller, un abreuvoir pour les ânes. Car les impôts et cotisations sont proportionnels aux ventes (au chiffre d'affaires) et non aux marges, et on peut donc être amené à payer plus de cotisations qu'on ne gagne d'argent ! Voilà qui fait la risée de la France à l'international. Ah oui, j'oublie de parler du RSI, cet organisme chargé de prélever les cotisations des artisans et de nombreuses autres professions. L'incompétence de cet organisme est reconnue, et il ne se pose qu'une seule question : pourquoi est-ce que ça continue ? Une seule réponse : pour tenir en laisse les PME et les TPE. Messieurs et mesdames les élus de toute sorte, membres du gouvernement, collectivités, mairies, etc. qui écrasez les entrepreneurs, on vous a à l'œil ! Ne croyez pas que vous soyez indéboulonnables ou intouchables quand vous trahissez la confiance que l'on vous a octroyée.

Après les niveaux local et national, passons à l'international. Si dans notre pays nous ne sommes pas capables de faire régner l'ordre républicain dans notre économie, nous n'avons aucune légitimité à aller faire la guerre au Moyen-Orient ou en Afrique sous prétexte de contribuer à ce que se répande un ordre humaniste. Vous connaissez le dicton : « charité bien ordonnée commence par soi-même ». Les terroristes islamistes profitent sans scrupule, en riant, de notre absence interne d'ordre républicain, du fait que nos élus ne savent pas faire suivre les mots par des actes, du fait que nous accueillons toutes les cultures sans aucune exigence d'adaptation. Aujourd'hui, dans cette guerre, ce qui est certain est que pour le moment nous sommes les perdants. Allons-nous le rester ? Dans la vidéo que je vous recommande plus haut, il faut écouter et réécouter les paroles de Michel Onfray.

Plus précisément, relativement aux récents attentats et au rôle de l'islam, comment devons-nous réagir ? Là aussi, notre devise nationale doit être la mesure de toute chose, doit être le pivot de la balance.

D'abord, il faut que les grands textes islamistes, en France, soient épurés des incitations au meurtre et à la guerre des civilisations. Que les musulmans qui refusent cette mise en conformité avec la devise nationale prennent leur responsabilité et quittent notre pays. Aucune Française expatriée en Arabie Saoudite n'irait revendiquer le droit de se mettre en bikini sur la plage, avec pour motif que sa culture le lui autorise. Les autorités saoudiennes la lapideraient. Donc à l'inverse en France tous les mouvements islamistes soutenus par l'Arabie, ou d'autres pays islamistes du Moyen-Orient, doivent se conformer à notre culture, ou partir. En ce qui concerne le culte islamique sur notre sol, ce culte ne peut pas jouir du droit de liberté d'expression. Cela n'est pas possible aussi longtemps que les textes lus par les imams contiennent des appels au meurtre des athées et des agnostiques. L'islam n'est possible en France que s'il se départit de ses aspirations guerrières et politiques. C'est ce qui fût exigé pour le judaïsme sous Napoléon et pour le christianisme au XIXe siècle. Et ce sont justement ces dépouillements qui font que la France est ce qu'elle est : un pays humaniste qui croît en la justesse des idées des Lumières. Il faut passer l'islam de France au crible de la laïcité et de la raison. Je sais, c'est un effort considérable que les musulmans doivent faire (critique et sécularisation de leurs croyances), mais l'État a exigé cela du judaïsme et du christianisme, et donc l'État, qui place toutes les religions sur une ligne d'égalité, doit aussi exiger cela de l'islam.

Si cela n'existe pas déjà, je serai volontaire pour participer à une association pour faire ce « dépouillement » de l'islam. Une telle association doit réunir des personnes avec des connaissances en histoire, sociologie, philosophie des religions et des personnes avec des connaissances pluridisciplinaires. Par exemple religion et art, religion et nutrition, religion et écologie. J'ai moi-même des connaissances sur les rapports entre science et religion. Dans chaque département, il doit être possible de créer une telle association, ou des cercles d'adhérents. Ce doit être l'affaire d'une association, car une commission d'étude initiée par le gouvernement ne serait pas crédible. C'est une évidence, les gouvernements de droite comme de gauche ont favorisé l'arrivée de l'islam en France sans exiger de lui aucune adaptation, en le flattant même pour tenter de récupérer son électorat (voyez par exemple l'édition de juillet 2015 de Valeurs actuelles sur la cinquième colonne djihadiste en France). Une telle association de sécularisation de l'islam serait certainement bien accueillie par la population.

L'ordre républicain doit resurgir, pour régler sur des bases saines notre économie et notre vivre-ensemble. Bon, on démarre où ? Pour rallier la majorité des élus et de la population à l'ordre républicain, il faudrait un grand nettoyage dans la législation actuelle, et il faudrait un grand effort d'éducation, en expliquant que l'ordre républicain est positif, qu'il permet à l'individu et à la société de s'épanouir, tandis que l'ordre totalitariste (qui sommeille dans l'extrême droite et dans la gauche actuelle au pouvoir) est négatif. Il tend à brider les individus au lieu de leur permettre de se construire. C'est une différence que beaucoup de jeunes gens, qui dans leur naïveté de bisounours prêchent l'abolition de toutes les frontières, la fin des différences entre les sexes, et poussent des cris de poules dès qu'ils entendent une évocation des différences entre les individus, ne voient pas. Ils ne voient pas que des règles, strictes, permettent l'épanouissement. Pour eux, toute règle est une brimade, un premier pas vers le fascisme. Bon, dit simplement, ils ne voient pas qu'ils sont anarchistes. Je suis jardinier, et pour que la vie, la biodiversité, s'épanouisse dans un jardin, il faut un certain ordre (des techniques, non pas intuitives mais scientifiquement fondées). Si dans le jardin on laisse tout pousser sans contrôle, ce n'est plus un jardin, c'est la nature, c'est la sélection naturelle. Oui, la sélection naturelle est une création des nazis, n'est-ce pas : elle fait que les inadaptés sont éliminés par les adaptés. Ainsi pensent les jeunes bisounours. Mais ce n'est pas entièrement de leur faute (aux bisounours), vu le système éducatif démagogique qui les a pris en main et qui a bridé leur développement intellectuel. Beaucoup de jeunes ne voient pas la différence entre l'ordre épanouissant et l'ordre coercitif. J'aurai sans doute fini ainsi, si j'étais resté en France enchaînant des CDD au SMIC, entrecoupés de longues périodes de chômage. Ces jeunes (et moins jeunes, des trentenaires) ne croient plus dans la capacité des partis modérés à faire changer la situation, car ce sont ces partis qui ont engendré ladite situation (sur ce point je suis d'accord avec eux). Entre l'UMPS actuel et les extrêmes, ils ne voient plus d'alternative et préfèrent se retirer, préfèrent les actions comme ZADistes, comme « résistants civils » [ou « no-border » ou « anti-fasciste »]. Face à l'injustice des lois, du système gouverné par les « tous pourris », ils préfèrent la posture anarchique écolo-bisounours plutôt que de renouer avec l'ordre républicain.

Résumons. Pour ces deux temps d'action, le contrôle de l'islam en France et la rééducation de la population et des élus, les justifications et la direction sont les mêmes : la devise nationale, pour l'humanisme.

Revenons au point de départ, à ma serre qui m'oblige à vider injustement mon compte en banque de 800 euros. Soyons terre-à-terre, soyons pragmatiques. Si, lorsque je me suis renseigné en mairie pour savoir quelles démarches administratives accomplir avant de construire une serre, la secrétaire m'avait présenté un document unique avec : selon le projet de construction, les formulaires à utiliser et les taxes impliquées, je n'aurai pas acheté ma serre, ou je l'aurai enterrée pour que sa hauteur ne dépasse pas 1,80 mètre, ou j'aurai laissé un pan ouvert. Un tel document, unique pour tous les projets de construction, serait un exemple de concrétisation de l'ordre républicain sous la lumière de la devise nationale. Aujourd'hui, l'organisation administrative est si compliquée qu'il lui est impossible de produire un tel document simple à l'attention du citoyen. C'est un fait. Je crains que l'inertie du système législatif, et des administrations que ce soient les mairies, les communes, les communautés de communes, les départements, les régions, l'État, ne permette aucun changement pour retrouver la direction vers l'ordre républicain. [Dur de retrouver l'aiguille de l'ordre dans la botte de foin du désordre]. Autre exemple : l'ordre républicain impliquerait que le salaire des élus et des fonctionnaires soit le salaire *médian* des Français, pour que les décisions qu'ils prennent aient un retour sur eux, quand aujourd'hui ils sont déconnectés de la réalité quotidienne parce que ce retour concret n'existe pas. Jamais une telle loi ne sera votée. Je suis donc pessimiste quant à l'avenir de notre Nation. Le déclin d'une nation, ce n'est pas l'effondrement brutal d'un mur, c'est la dislocation lente et inévitable des pierres qui le composent parce qu'on ne l'entretient pas. Aujourd'hui, pour prolonger la métaphore, on gratte même les joints entre les pierres en pensant qu'ainsi on va réunir les pierres et que tout sera plus solide. La longue marche est entamée, notre longue marche de la déchéance, le nœud coulant qui se resserre si lentement qu'on croie qu'il ne servira jamais à nous pendre.

Monsieur, je vous écris tout cela, mais je sais que, dans les fonctions qui sont les vôtres, régies par les textes en vigueur, vous ne pouvez pas transformer ce que j'écris en action politique. Je suis résigné, comme l'est la majorité des Français (j'en veux pour preuve qu'ils continuent de travailler quand bien même ils souffrent, par exemple, des injustices du RSI). Si la Ve république ne peut pas être sauvée, elle peut par contre être détruite ou remplacée par une autre, démocratique ou non. Ce qui serait (peut-être) mieux que de continuer à la voir être déconstruite lentement par le PS ou l'UMP. Au moins une direction claire pourrait être donnée, qui permettrait de garder un cap dans les turbulences du TAFTA, de la guerre déclarée contre nous par l'islam, et du changement climatique. In fine seule l'idéologie du front national comporte cette volonté de redressement de la Ve république et de l'ordre républicain, pour les remplacer par un autre ordre (mais je me trompe peut-être, car ce parti évolue aussi). Oui, une telle volonté de remise à plat n'est pas subtile, mais elle s'accorde hélas très bien avec les systèmes de vote en France, qui polarisent et ne permettent pas l'expression des nuances. Une France différente, une France qui ne serait plus démocratique mais qui aurait une culture nationale protégée, est préférable à une France en déclin qui renie sa culture et ne se défend pas face au capitalisme à tout-va et face au projet islamiste de conquête du monde. Mieux vaut une rivière qui coule qu'un marécage saumâtre.

Vous comprenez que dans ce courrier, je m'efforce de mettre le doigt sur les injustices et sur le laxisme (car c'est aussi la paresse intellectuelle qui fait oublier si vite la devise nationale ou qui fait renoncer aux efforts pour la mettre en pratique). Permettez-moi une digression, pour m'exprimer sur une autre forme de laxisme actuel.

Il s'agit de la COP21 et des duperies liées au changement climatique. Pour rappel, ce changement résulte de l'augmentation du taux de CO_2 dans l'atmosphère. Taux qui résulte de la combustion des carbones fossiles (pétrole, gaz, charbon, gaz de schiste). Il faut admettre qu'aucun de nous ne veut, du jour au lendemain, arrêter d'utiliser ces combustibles fossiles. Le pot de confiture est ouvert, pourquoi se retenir, il faut aller jusqu'au bout. Peut-être qu'un pays, seul, pourrait prendre cette décision sans compromis. Mais pour les 128 pays du globe terrestre, c'est impossible. Je suis convaincu que nous allons brûler toutes les réserves de combustible fossile. La première duperie de la COP21 est donc de faire croire que si nous les brûlons en cinquante ans plutôt qu'en vingt, le climat sera sauvé. Duperie car cela ne changera rien, nous sommes en train de recréer l'atmosphère de l'ère carbonifère en relâchant des quantités énormes de CO_2, qui ont mis des millions d'années à se stocker dans les sols. Nous avons mis en route des processus qui dépassent de très loin l'échelle humaine. Je ne suis pas un climat-sceptique, je ne suis pas un climat-niais non plus : je considère comme inéluctables l'évolution de notre climat et les conséquences secondaires (montée du niveau des océans, etc.) Donc il faut tête froide garder et identifier les aboutissants.

Deuxième duperie de la COP21 : rester dans l'immédiateté. Que veut dire « transition énergétique » ? Cela veut dire que dans cent ans, les combustibles fossiles étant épuisés, il est très vraisemblable que nous n'aurons que des énergies renouvelables à disposition. Il faut donc, dans le temps qu'il nous reste avec du pétrole bon marché, construire en France des éoliennes et des hydroliennes en très grande quantité. Celles-ci serviront à charger les super-condensateurs, une nouvelle technologie de batteries, bien plus faciles à charger que de produire des piles à combustible avec de l'hydrogène comprimé à 200 bars. Ces condensateurs, de par leur très forte densité énergétique, seront en mesure de presque remplacer les moteurs des voitures et des engins de production, des tracteurs notamment. Dans l'agriculture, il faut donc maintenant mettre au point des méthodes de semis sans labour, qui requièrent moins d'énergie que le labour. Ainsi, en 2050-2060 par exemple, des tracteurs électriques à super-condensateurs seront en mesure de faire des semis, quasiment à la même échelle (sur des millions d'hectares) qu'aujourd'hui. C'est cela, entre autre, la transition énergétique, et non pas le crédit d'impôt pour installer des fenêtres double-vitrage (dispositif législatif lui aussi fantoche, car les poseurs doivent suivre une formation obligatoirc dont ils répercutent le coût sur leurs produits, annulant l'effet du crédit d'impôt. Seules les entreprises de formation y gagnent, en profitent plutôt. Voyez, le ver fantoche est dans le fruit, dans tous les domaines). Les pays du Golfe ont bien compris cette échéance au tournant du XXIIe siècle : c'est pourquoi aujourd'hui ils installent des éoliennes ou des panneaux solaires en grande quantité, pour disposer d'énergie une fois le pétrole épuisé (ainsi que l'uranium pour les centrales nucléaires). C'est aussi pourquoi ils achètent massivement des terres, des propriétés, dans les pays qui aujourd'hui ne font pas d'effort pour développer les énergies renouvelables. Ainsi dans 50 ou 80 ans, ils auront plus de facilité pour imposer leur volonté dans ces pays (pays dont nous faisons partie).

Avec la fin inévitable des combustibles fossiles, ce sont toutes les cartes de la géostratégie qui sont rebattues, et cela *dès maintenant*. C'est un enjeu à l'échelle mondiale mais, comme à l'échelle de notre pays nous avons perdu de vue les tenants et les aboutissants de l'ordre républicain, par paresse intellectuelle et par abandon de la fierté nationale et humaniste, je pense que de même nous n'avons plus les bons réflexes d'observation et de planification pour réagir à l'échelle mondiale. Le résultat de la COP21 parle pour lui-même : rien. Le grand foutage de gueule, les grands mots, les larmes que les chefs d'État ont versé sur les pieds des écologistes pour les convaincre que tout allait maintenant changer, en parodie christique[3].

---

3 La seule méthode praticable pour réduire l'augmentation du CO_2 dans l'atmosphère est, selon moi, que les pétroliers reversent un pourcentage de leur bénéfice à l'agriculture, afin que celle-ci fasse évoluer ses pratiques vers des pratiques qui agradent le sol (et non plus le dégradent). Ces pratiques d'agradation consistent à faire augmenter le taux d'humus dans le sol cultivé. Humus qui est composé de molécules carbonées, humus qui est responsable de la fertilité des sols agricoles, fertilité en chute libre depuis la révolution verte. Il faut faire d'une pierre deux

Pourquoi le bon peuple de France gobe-t-il tout cela ? Pourquoi ne réagit-il pas ? La France est un gros ventre mou. Ou bien est-il victime d'une programmation mentale inconsciente ? Je lisais je ne sais plus où que ce genre de programmation (associant désirs et douleurs, craintes et espoirs, etc.) avait été mis au point par des psychiatres national-socialistes dans les camps de concentration. Ils torturaient leurs victimes en leur disant certaines choses, en leur promettant certaines choses, au point que les victimes, longtemps après la fin de la guerre, continuaient à les appeler papa. Oui c'est affreux, mais cela relève de la même volonté dont certains publicitaires font preuve pour nous assimiler à des demeurés. N'en doutons pas : si l'humanisme existe c'est parce que son contraire existe, le désir d'avilir l'espèce humaine.

Pour conclure – je vous remercie du temps que vous m'accordez pour me lire –, globalement, je rejoins la position décliniste de Michel Onfray. Pour lui le déclin de la France est de l'ordre du constat. En théorie il serait possible de le stopper, mais en réalité c'est mission impossible. Toutefois, peut-être que la guerre islamiste déclarée contre nous est une occasion d'amorcer un virage salutaire. Faire de nécessité vertu.

Veuillez accepter, Mr le député, l'expression de mes sentiments respectueux.

---

coups : baisser le taux de CO_2 atmosphérique en faisant augmenter la fertilité des sols agricoles. Le marché du carbone et le stockage du carbone dans les roches sédimentaires sont inutiles.

CIRCUM 40

Programme politique

Part d'émotivité du texte : + C'est une liste de mesures à prendre.
Part de logique : ++ Des liens de cause à effet, c'est à prendre ou à laisser.

Merci de lire le programme en entier, d'avoir l'esprit ouvert, de ne pas tomber dans les caricatures politiques faciles qui alimentent les grands médias. J'ai vécu à l'étranger et, vu de loin, ce fixisme sur les vieux schémas est évident ; si vous n'avez jamais vécu hors de France, vous n'avez pas conscience que d'autres conceptions de l'argent et de la fraternité sont possibles. Il faut arrêtez de diviser le monde entre gauche et droite, entre modérés et extrêmes, entre prolétariat et bourgeoisie, entre artisans et industriels, entre pauvres et riches. Il faut arrêter de penser que les différences culturelles entre les nations sont minimes – le « global village » est un rêve.

On peut imaginer une société idéale, mais pour que cela ne reste pas un rêve, il faut concevoir les premiers pas à faire, il faut visualiser très clairement ces premiers pas. Surtout, en France bien plus qu'en Allemagne semble-t-il, il ne faut pas hésiter à dénoncer la bêtise et l'incompétence. Que les Français sont moutons, se plaignent mais ploient bien vite l'échine, pour se rassurer de « faire comme tout le monde » ! Que les Français qui parlent tout le temps sont des rêveurs, qui ne savent pas ce qu'est le mot travail, qui croient que parler c'est déjà agir. La France semble séparée en deux : les manuels et les intellos. C'est une situation risible, in fine lamentable. L'Allemagne et les pays anglo-saxons sont au-delà de ce genre de division. Intellos, allez faire l'effort de bosser manuellement, et les manuels, allez faire l'effort de lire ! Arrêtez de vous enorgueillir de ne pas être comme l'autre.

Bien sûr, aucun élément du programme que je vais vous proposer ne sera jamais mis en pratique. Je suis réaliste. Ce programme implique le sens de la responsabilité, qualité que biens des Français préfèrent jeter au loin parce qu'elle implique travail et autorité. Il ne faut pas se tromper : le niveau intellectuel de la télévision et des grands journaux reflète l'intellect moyen des Français[4]. Comme Michel Onfray, je pense que la France décline. Le déclin est lent, une lente déchéance et non une chute abrupte, telle une corde qui se serre si lentement qu'on finit par croire qu'on ne sera jamais pendu. N'est-on pas arrivé au fond du trou quand une ministre (la ministre de l'éducation) est une personne qui n'a jamais enseigné, et surtout, qui n'a jamais travaillé ? Qui démarre une conférence dédiée à la jeunesse par ces mots affligeants de banalité « la jeunesse est notre avenir » ? Peut-on faire plus mauvaise gouvernance d'un pays ? Comment peut-on confier l'intellect des enfants à une telle personne ? Je ne prétends pas détenir la vérité. Je souhaite juste « autre chose ».

---

4 À moins que les Français préfèrent restreindre le rôle de la télévision aux loisirs, pour privilégier d'autres supports pour les connaissances et la réflexion ? Peut-être ne fais-je là pas mieux que ce que je dénonce, à savoir diviser le monde en noir et blanc ? Il y a des livres idiots tout comme il y a des émissions télévisuelles intelligentes. Mais comme l'écrit Michel Onfray, est-on apte à mener une réflexion, si on ne parvient pas à lire cinq pages d'un essai ? La vie quotidienne et le temps qui passent suffisent-ils seuls à enseigner les nuances, les détails, le temps de la réflexion ? Je suis pour un Homme idéal qui saurait équilibrer travail et loisir, action et réflexion, sensibilité et doctrine.

1 ESPRIT DU PROGRAMME POLITIQUE

Fidélité et honneur envers la devise nationale Liberté-Égalité-Fraternité.

Refaire de l'administration un moyen du vivre-ensemble et non un frein comme elle l'est aujourd'hui.

Quitter la mauvaise habitude de faire de l'état et de l'administration une simili-banque, qui prélève des impôts et taxes pour redonner l'argent à quelques personnes ou entreprises sous forme de subventions.

Réintroduire dans les décisions publiques, à tous les niveaux, la signification de la devise nationale.

Simplifier de façon très importante les codes législatifs, les mécanismes d'impositions et autres cotisations, afin que ces mécanismes soient transparents, intuitifs, et ne soient plus une entrave à la création d'entreprises et à l'emploi.

Faire en sorte que pour chaque euro gagné en France, résultant d'un effort de travail ou d'argent placé, 40 centimes soient systématiquement prélevés pour le bien public (administrations, cotisations…) Donc une participation au bien public *proportionnelle* aux bénéfices des fruits du travail et du capital.

Simplifier et clarifier les règles de l'embauche et du licenciement. Faciliter le licenciement des personnes incompétentes. Supprimer les comités d'entreprises et les organisations d'employés ne regroupant que des employés.

Désacraliser le rapport à l'argent.

Redonner à la France son souffle et son honneur, refaire de notre pays un pays où il fait bon vivre.

S'assurer que les immigrés temporaires et invités connaissent et acceptent la culture de notre nation.

Rétablir le contrôle des biens et des personnes aux frontières pour maîtriser les clandestins et les terroristes.

2 OBJECTIFS DE LA NATION

Garantir à chaque citoyen une éducation intellectuelle fiable.

Adapter l'économie à se baser sur les énergies renouvelables.

Faire cohabiter la production artisanale, traditionnelle comme innovante, qui met à l'honneur le geste, et la production industrielle qui met à l'honneur le travail d'équipe. Donc faire cohabiter le geste le plus traditionnel et la technique la plus évoluée.

Éduquer à la santé par l'alimentation et le sport.

Œuvrer à la coopération entre les nations dans l'objectif dual de préservation de la biosphère et d'exploration spatiale, et pour préparer l'avènement d'une société sans argent.

Continuer à écrire une histoire nationale, car en continuant dans la lancée actuelle la France va perdre son identité, et *la perte de l'identité est inséparable de la peur de l'étranger et de l'inconnu.*

Initier une période de 40 – 60 années de progrès technique avec une maîtrise des effets secondaires (ce qui inclut le changement climatique), pour permettre l'avènement d'une nouvelle ère dans un monde décrit par de nouvelles lois de la physique et permettant l'épanouissement de la conquête spatiale.

3 DU PEUPLE DE FRANCE

3.1 Liste des statuts

Les habitants de France ont différents statuts.

• Citoyen français : F1
• Immigré naturalisé citoyen : F1

- Immigrés non naturalisés citoyens : immigré invité I1, immigré temporaire I2
- Binationaux : BN
- Les personnes qui souhaitent vivre en France sont des demandeurs d'accueil : DA

3.2 Attribution des statuts

Chaque individu acquière le statut de citoyen à sa naissance si né de parents français citoyens. Il acquiert un statut BN si né d'un parent citoyen et d'un parent immigré.

Les enfants nés sur le sol de France, de parents étrangers, n'acquièrent plus la nationalité française : ils ont la nationalité de leurs parents. Leur présence en France est soumise aux conditions de présence de la mère.

Après huit ans de séjour en France et si le casier judiciaire est vierge, un immigré invité peut demander à devenir citoyen.

3.3 Droits des statuts

Tous droits et devoirs égaux par ailleurs,

- Le citoyen peut acheter une maison, des terres agricoles, un plan d'eau, un terrain non bâti, un immeuble. Le citoyen peut voter.
- L'immigré invité peut acheter un appartement.
- L'immigré temporaire peut louer un appartement ou une maison. Il peut créer une entreprise après deux ans de séjour. Il bénéficie de la sécurité sociale à partir du moment où il est employé.
- Le demandeur d'accueil ne peut pas circuler sur le territoire français : il loge et étudie dans les centres d'accueil.

3.4 Entités reconnues

La nation reconnaît

* chaque individu majeur
* chaque individu mineur attaché à un ou deux individus majeurs
* chaque entreprise par l'entremise de l'entrepreneur, seul représentant légal de l'entreprise
* chaque association par l'entremise du président d'association, seul représentant légal de l'association
* chaque activité extra-monétaire

3.5 Scolarisation

Les enfants de citoyens et d'immigrés sont accueillis dans le système éducatif français.

3.6 Cérémonie officielle d'acquisition de la majorité

Lors d'une cérémonie regroupant les jeunes gens ayant atteint leur 18e année, lecture est faite des droits et devoirs des citoyens adultes.

Chaque jeune personne prête serment d'honneur et de fidélité sur la devise nationale et jure solennellement d'accomplir ses droits et devoirs.

3.7 Le registre des habitants

Le registre des habitants est tenu à jour par le fonctionnaire de l'état civil. Il y enregistre les naissances et les décès, les statuts.

Tout citoyen et tout immigré doit être enregistré au registre des habitants. Il obtient une carte d'identité avec photographie, noms et prénoms usuels, numéro de personne, statut. Tout changement de statut doit être enregistré.

3.8 Le registre des demandeurs d'accueil

Les demandeurs d'accueil sont enregistrés. Le registre des demandeurs d'accueil est tenu à jour par le fonctionnaire des douanes françaises.

3.9 Réception des demandeurs d'accueil.

Les demandeurs d'accueil sont placés dans les centres d'accueil. Le refus d'obtempérer entraîne l'expulsion.

Les demandeurs d'accueil sont répartis selon leur maîtrise de la langue française et selon qu'ils ont un contrat d'embauche avec un employeur ou non. La maîtrise du français est évaluée par tests. Résultat positif : la personne doit passer la mise à niveau culturelle en vue d'obtenir le statut I2, si nécessaire. Résultat négatif : la personne demeure en catégorie DA et doit passer la mise à niveau scolaire.

3.9.1 Mise à niveau scolaire des demandeurs d'accueil

Les DA sont évalués : analphabètes, illettrés, déficients mentaux. Les déficients mentaux sont remis aux ONG internationales et/ou associations du pays de leur origine. Les autres DA, selon leurs manques, sont affectés à une formation intensive de trois semaines, au cours de laquelle ils doivent démontrer la volonté d'apprendre la langue française, et au bout de laquelle ils devront démontrer une maîtrise rudimentaire de la langue française écrite et parlée. Les efforts réalisés seront testés. Si le test est positif, le DA passe la mise à niveau culturelle. Si le test est négatif, le DA est expulsé.

*3.9.2 Mise à niveau culturelle des demandeurs d'accueil
non familiers de la culture occidentale*

Les immigrés en provenance des pays de culture musulmane, des pays d'Afrique hormis d'Afrique du Sud, d'Asie, d'Amérique centrale et du Sud, d'Océanie doivent effectuer une mise à niveau culturelle. Lors de cette mise à niveau, leur seront transmis les éléments essentiels de notre culture française : place de la religion, législation judiciaire et pénale, rôle du code la route, rapports homme / femme, droits de l'Homme et des enfants, charte de l'environnement, rôle de la contribution nationale, faits historiques et doctrines intellectuelles essentielles (place de la raison, de la science, fonction de la laïcité), œuvres d'art et d'architecture fondatrices.

La mise à niveau dure trois jours. Le quatrième jour la compréhension du patrimoine transmis sera testée. Quand le résultat est positif, la personne devient I2. Elle peut quitter le centre d'accueil et chercher un emploi. Sinon le test doit être refait. Si à l'issue du troisième test le résultat est négatif, la personne ne peut pas être accueillie en France et elle sera expulsée.

3.10 Nouvelle demande d'accueil de personnes expulsées

Les personnes expulsées peuvent faire une nouvelle demande d'accueil un an après leur expulsion. Si elles échouent aux mises à niveau, elles seront expulsées et aucune autre demande d'accueil ne sera acceptée.

3.11 Durée de séjour des immigrés

Un immigré peut demeurer en France pour une période de deux ans, renouvelable une fois si la personne en fait la demande. Au terme de quatre années la personne quitte la

France de sa propre volonté, sinon elle sera expulsée. Toutefois, si son employeur requiert son maintien en France ou s'il peut justifier de la création d'une entreprise depuis deux ans, l'immigré peut rester en France sans limite de temps et devient immigré invité I1.

3.12 Accueil de la famille des immigrés

Les immigrés peuvent venir en famille. Chaque membre de la famille passe individuellement les tests. Si un membre ne peut pas être accueilli et doit donc être expulsé, les autres membres de la famille acceptent cela ou partent volontairement de France, sinon ils seront expulsés. La pratique du regroupement familiale est abandonnée.

3.13 Les demandeurs d'accueil mineurs.

Les demandeurs mineurs qui ne sont pas accompagnés d'un parent direct ou au premier degré (grand-parent, oncle et tante) ne sont pas acceptés. Ils sont remis aux ONG du pays d'origine.

Quand accompagnés d'adulte(s), ils ne passent pas les tests pour adultes. Ils vont dans les centres d'accueil et suivent une préscolarisation pour les mettre à niveau avant de rejoindre les écoles de la République.

3.14 Élections

Le droit de vote est conféré aux seuls citoyens.

4 ÉCONOMIE

4.1 Activités et revenus à déclarer

Tout revenu monétaire est soumis à la contribution nationale.

1. Toute activité ayant pour objectif de générer des revenus réguliers doit être enregistrée en tant qu'entreprise.
2. Les revenus de source locative (d'habitation, de terrains) ne nécessitent pas la création d'une entreprise quand le nombre de biens loués n'excède pas trois. Ces revenus nécessitent la création d'une entreprise quand le nombre de biens loués est supérieur à trois.
3. Les revenus financiers d'une personne physique (intérêts de comptes rémunérés, dividendes) et les droits d'auteur ne nécessitent pas la création d'une entreprise s'ils sont annuels ou semestriels. Si ces revenus sont plus fréquents, la création d'une entreprise est obligatoire.

4.2 Création d'entreprises

4.2.1 Prérequis pour la création d'une entreprise

Le créateur doit être majeur.

Tout citoyen et tout immigré à partir de deux ans de séjour en France peut créer une entreprise.

4.2.2 Déclaration et enregistrement de l'entreprise

La création d'entreprise se fait au centre d'enregistrement des activités. Le fonctionnaire lui attribue un numéro et l'inscrit au registre des entreprises créées. Le registre des entreprises créées est public.

4.2.3 Formes d'entreprise

Deux formes d'entreprises sont possibles.

* L'entreprise stricto sensu.
* L'entreprise coopérative. Celle-ci se distingue de la première de la façon suivante : dans une entreprise coopérative, les salaires sont identiques et chaque personne exerce une part de responsabilité dans la prise de décision.

4.3 Contribution nationale

4.3.1 Définition et implications

La contribution nationale est le seul et unique impôt sur tout le territoire de France. Il sert à financer les institutions publiques tel que décrit au point 5.3 Financement des institutions nationales.

La contribution nationale est due à partir du moment où une activité engendre un bénéfice (le bénéfice est la différence entre les recettes et les dépenses).

Par sa mise en œuvre, la contribution nationale rend caduque les diverses caisses d'assurances sociales (chômage, retraites, prestations familiales, maladie...) Les URSSAF, AGESSA, RSI, MSA, AGIRC, ARCO... sont dès maintenant dissoutes. N'existent plus que des caisses nationales ; caisses et privilèges de branche sont révolus.

4.3.2 Montant de la contribution nationale

4.3.2.1 Pour les entreprises

Toute entreprise tient un bilan mensuel de ses recettes et dépenses. La différence entre les recettes et les dépenses constitue le bénéfice, qui résulte donc de l'effort de travail fourni par l'entrepreneur et ses employés. Au plus tard cinq jours (5 fois 24 heures) après la fin du mois, l'entrepreneur verse au centre des contributions 40 % de son bénéfice. Ainsi l'entrepreneur et ses employés sont en règle.

4.3.2.2 Pour les particuliers

Tout particulier doit déclarer ses revenus tels que décrit au chapitre 4.1 et payer la contribution nationale au plus tard cinq jours (5 fois 24 heures) après la fin du mois dans lequel les revenus ont été perçus.

4.3.3 Pour les employés du secteur associatif

Les associations ne versent pas de contribution nationale. Le salaire brut des employés d'association est composé pour 40 % de la contribution nationale et pour 60 % du salaire net. Les éventuelles primes sont considérées comme un salaire.

4.4 Paiement de la contribution nationale

4.4.1 Délai de paiement non respecté

Chaque heure de dépassement du délai de paiement entraîne une augmentation de 0,3 point de la contribution. Si le paiement n'est pas effectué dans les 96 heures après la limite légale, l'entreprise sera fermée par les forces de l'ordre et inscrite au registre des entreprises closes.

4.4.2 Erreurs de déclaration

Sur preuve de bonne foi de l'entrepreneur ou du particulier, de petites erreurs ou des erreurs exceptionnelles de déclaration sont tolérées.

4.4.3 Fraudes

Tout citoyen entrepreneur ayant été jugé coupable de fraude volontaire en vue de ne pas payer ou de payer moins de contribution nationale sera emprisonné trois mois. Après son séjour en prison, la contribution nationale de son entreprise sera de 45 % pendant un an. Une récidive de fraude entraîne la suppression à vie du droit d'entreprendre. Si l'entrepreneur travaille seul, son entreprise sera déconstruite, la responsabilité en sera sinon transmise à un employé volontaire. Le fraudeur ne pas être réembauché par la même entreprise.

Tout particulier ayant été jugé coupable de fraude volontaire en vue de ne pas payer ou de payer moins de contribution nationale paiera pour ses trois prochaines échéances de revenus une contribution nationale de 45 %. Une récidive entraîne pour les trois prochaines échéances de revenus une contribution nationale de 70 %. Une seconde récidive entraîne la destitution des biens loués et / ou des placements, qui seront vendus au bénéfice de la nation.

Tout immigré ayant été jugé coupable de fraude volontaire en vue de ne pas payer ou de payer moins de contribution nationale sera expulsé et sera interdite de séjour en France.

4.5 Emploi

4.5.1 Le contrat de travail

Un entrepreneur peut employer des personnes. Un contrat écrit de travail est obligatoire, signé par l'employeur et l'employé, avec un numéro unique de contrat. Tout changement de fonction et de temps de travail doit faire l'objet d'un complément de contrat écrit et signé des deux partis.

4.5.2 Travail des immigrés

Les immigrés de niveau I2 peuvent être embauchés dès leur sortie des centres d'accueil.

4.5.3 Temps de travail

Les entrepreneurs et les professions de la restauration, des loisirs, de la santé humaine et animale, de la sécurité des personnes et des biens peuvent travailler tous les jours de la semaine ainsi que les jours fériés, aux horaires qui conviennent à leur fonction.

Les commerces de détail et de gros sont fermés le dimanche à partir de 12 heures.

Pour les employés les règles suivantes sont à respecter :

Le temps de travail réglementaire est de 40 heures par semaine du lundi au vendredi. L'employeur et l'employé peuvent s'accorder d'un temps de travail réduit ou de maximum 42 heures. Pour les professions non commerçantes, le samedi peut être travaillé et un jour de repos sera établi, si l'employé accepte.

Les employés doivent enregistrer leur temps de travail.

4.5.4 Heures supplémentaires

Au-delà de 40 heures, les heures travaillées sont dites supplémentaires.

Dans des circonstances que l'entrepreneur veillera à demeurer exceptionnelles (un minimum de six mois d'écart est à respecter), sans qu'il soit besoin d'un nouveau contrat,

- Par jour le nombre d'heures travaillées ne peut excéder 10, au maximum durant trois jours consécutifs,
- Par semaine le nombre d'heures travaillées ne peut excéder 46, pour les professions non commerçantes du lundi au samedi, au maximum trois semaines consécutives.

4.5.5 Rémunération

L'entrepreneur décide des salaires horaire des employés, notifié par contrat. Le salaire horaire minimum est fixé par décret à la fin de l'année civile, pour entrer en vigueur l'année suivante.

Les heures supplémentaires sont payées au taux horaire normal ou échangées contre du temps libre à raison de huit heures maximum par mois après accord écrit de l'entrepreneur (celui-ci peut refuser sans fournir de justification).

Dans les professions non commerçantes, avec un contrat de travail de 40 heures du lundi au vendredi, les heures supplémentaires le samedi sont rémunérées à 150 pourcents du taux horaire normal, le dimanche et de nuit (19 heures à 8 heures) à 200 %.

Selon le bon vouloir de l'entrepreneur, des primes de salaire peuvent être accordées ; elles ne constituent pas un droit de l'employé.

L'entrepreneur fixe le salaire horaire selon les compétences de l'employé.

La rémunération mensuelle de l'entrepreneur ne peut pas dépasser dix fois la rémunération mensuelle la plus basse dans son entreprise.

4.6 Cessation d'activité

L'entrepreneur paie sa dernière contribution à la perception. Il indique au fonctionnaire du centre de formalité des entreprises la cessation de son activité. Le fonctionnaire inscrit l'entreprise sur le registre des entreprises fermées. Ce registre est public.

4.7 Agriculture et changement climatique

Le tiers de la taxe sur les produits pétroliers est reversé au monde agricole pour initier une politique nationale d'agradation des sols, afin de stocker dans les sols le carbone émis par la combustion du gaz, charbon et pétrole.

5 INSTITUTIONS NATIONALES

5.1 Liste des institutions centrales

• Les pouvoirs : judiciaire, exécutif, législatif, cour des comptes. La fonction du sénat est modifiée.
• Police
• Armée
• Éducation
• Sécurité sociale : chômage, retraite, santé, enfance
• Régulation des fréquences électro-magnétiques
• Régulation du trafic aérien

5.2 Les institutions décentralisées

Répartition des compétences :

- Région : collèges, lycées, routes
- Département : environnement
- Communautés de communes sinon communes : routes communales, écoles, routes et réseaux pour les entreprises

5.3 Financement des institutions nationales

5.3.1 Constitution du trésor public

Les institutions sont financées par le trésor public, lui-même alimenté par la contribution nationale des entreprises et par la taxe sur la valeur ajoutée. Toutes les autres formes de taxes et impôts existant auparavant sont supprimées dès l'adoption du présent texte.

La TVA est de 10 % du montant de la vente, pour toutes les professions, pour tous les produits. Elle est payée par l'utilisateur final à l'entreprise, qui la reverse au centre des contributions en même temps que la contribution nationale.

5.3.2 Répartition du trésor public

Taux de répartition du trésor public :

- Pouvoirs : judiciaire, exécutif, législatif, cour des comptes, fonctionnaires des administrations centralisées et décentralisées : 10 %
- Police : 10 %
- Armée : 8 %
- Corporation : 4 %
- Éducation : 27 %
- Sécurité sociale : chômage, retraite, santé, enfance : 30 %, chaque sous-branche 25 %
- Réseaux terrestres de communication, routes : 5 %
- Recherche :5 %

• Partis politiques nationaux :1 %

5.3.3 Mécanisme de compensation

Ces taux de répartition sont fixes. Les montants dépendant donc exclusivement de la vitalité de l'économie, et celle-ci variant inévitablement, les salaires des fonctionnaires et autres personnes travaillant dans les institutions peuvent être en partie remplacés par des avantages en nature, notamment par des aliments.

Ces aliments sont le produit des activités extra-monétaires.

5.4 Représentation du peuple

5.4.1 Les mandats des élus

Le cumul des mandats est une pratique révolue.

5.4.2 Maturité des élus

Au niveau local (communes et départements), l'âge minimal est de 25 ans. Les candidats à l'élection doivent avoir exercé une activité professionnelle en tant que travailleur indépendant, associé, entrepreneur ou employé pendant au moins deux années. C'est-a-dire qu'il doit avoir fait la preuve d'une volonté et d'une capacité à travailler dans un objectif de fraternité.

Au niveau national (présidence, gouvernement, parlement, sénat), l'âge minimal des élus est trente ans. Ils doivent avoir exercé une activité professionnelle en tant que travailleur indépendant, associé ou entrepreneur pendant au moins trois années. C'est-a-dire qu'il doit avoir fait preuve d'une volonté et d'une capacité à travailler dans un objectif de fraternité et de responsabilité.

5.4.3 Les partis politiques

5.4.3.1 Constitution

Ne peuvent se constituer en parti politique national que des associations dont la présence est effective dans la majorité des départements.

5.4.3.2 Enregistrement

Pour pouvoir être enregistré comme parti politique, les idées promues doivent se différencier clairement de celles des autre partis.

5.4.3.3 La carte politique de France

La carte politique de France est la représentation graphique bidimensionnelle des idées politiques au niveau national. Pour chaque chapitre, tels les chapitres du présent programme, les objectifs de chaque parti politique y sont inscrits.

5.4.3.4 Nombre de partis politiques nationaux

Le nombre maximal de partis politiques nationaux est fixé à sept. S'il s'avère qu'un nouveau parti national peut se constituer, cela induit le remaniement des partis politiques nationaux en place (et l'actualisation de la carte politique de France) pour maintenir leur nombre à sept.

5.4.3.5 Financement

Les besoins matériels des partis politiques nationaux sont financés par le trésor public, annuellement, à parts égales.

5.4.4 Assemblée nationale

5.4.4.1 Sièges parlementaires

Le parlement comporte 343 sièges de députés. La réserve parlementaire est une pratique révolue.

5.4.4.2 Élection des députés

Les députés représentent le peuple français. Ils appartiennent nécessairement à un parti politique national.

Les précédentes règles d'élection sont caduques. Il n'y a qu'un seul tour. Chaque citoyen vote non pour un député, mais pour un parti.

Chaque parti désigne au préalable ses députés potentiels.

Le nombre de sièges parlementaires est réparti proportionnellement aux résultats du vote.

Chaque parti ayant reçu des voies désigne autant de députés qu'il a obtenu de sièges parlementaires. Le bureau des députés seront répartis de façon la plus homogène possible sur le territoire de France.

5.4.4.3 Fonction du sénat

Les fonctions antérieures du sénat sont caduques. Le sénat est la matérialisation de l'intellect de France : il est composé d'un nombre égal d'historiens, de scientifiques des sciences physiques, des sciences biologiques, de philosophes des sciences et des techniques, de philosophes généralistes, d'artistes, de représentants des sept grandes religions à raison d'un représentant par religion.

Le nombre de sièges de sénateurs est fixé à 155.

5.4.4.4 *Élection des sénateurs*

Tous les sénateurs sont des individus expérimentés et avisés, reconnus par leurs pairs pour les qualités intellectuelles d'analyse et d'ouverture d'esprit.

Les sénateurs sont élus, à la majorité, à l'intérieur de chaque domaine intellectuel concerné. Les élections ont lieu tous les cinq ans, un an avant les élections des députés. Les mandats sont renouvelables quatre fois.

L'âge minimal des sénateurs est fixé à 40 ans.

Les sénateurs peuvent continuer d'exercer à mi-temps l'activité qui leur a permis d'accéder à la fonction.

5.5 Rythme des élections

Année n : élection présidentielle

année n+1 : élections communales

année n+2 : élection des sénateurs, élections départementales et régionales

année n+3 : élection des députés

année n+5 : élection présidentielle suivante

6 DÉCISIONS PUBLIQUES

6.1 Respect de la devise nationale

Toute décision publique : lois, décrets, arrêté, quel que soit le niveau (gouvernement, assemblée nationale, région, département, commune et toute autre forme d'administration) doit être prise selon les codes législatifs en vigueur et toujours d'abord selon la devise nationale liberté-égalité-fraternité. Plus précisément, toute décision publique doit considérer comme égaux chaque individu (âge, activité, origine), chaque entreprise (taille, durée d'existence, type de biens vendus), chaque association.

Ainsi, la pratique des subventions, pratique qui était auparavant courante, n'est plus autorisée. Aucun individu, aucune entreprise, aucune association, ne peut recevoir d'argent publique, hormis les entreprises payées pour réaliser des travaux publics. Sont dès maintenant caduques les subventions, les aides, les crédits d'impôts, les aides à l'exportation, les aides de la politique agricole commune et autres dénominations utilisées pour reverser de l'argent public collecté auprès de tous pour n'être reversé qu'à quelques-uns (c'est-à-dire pour le seul bénéfice de quelques-uns).

6.2 Vote des décisions

Toute décision publique doit être prise en présence de citoyens. Au niveau de la commune, de la communauté de commune, du département, de la région, de la nation, dans les commissions de toute sorte, une décision ne peut être votée par les représentants du peuple que si au moins cinq citoyens sont présents lors du vote. Chaque citoyen ne peut assister à plus de six sessions de vote successivement, séparées par un interlude de six mois. Ces citoyens ne doivent ni exercer aucune activité de représentation du peuple ni être fonctionnaire.

6.3 Processus de travail des élus

Un élu ne saurait apporter des réponses au cas par cas aux problèmes et aux souhaits des citoyens qu'il représente. Il doit utiliser en toute situation une seule et même méthode, qui est celle-ci. Dans un premier temps objectiver la situation : l'élu doit passer de la situation particulière au thème. Pour chaque thème identifié, l'élu communique aux citoyens ce thème et requiert des idées. À l'aide de cette participation citoyenne, et à défaut par lui-même, un minimum de quatre façons d'agir doit être identifié. Parmi ces quatre alternatives, selon la nature du problème ou du souhait, l'élu en choisit une, sinon il y a soumission au vote. La décision votée, ainsi que les alternatives, seront affichées sur la voie publique.

Avant chaque décision, l'élu, ou le conseil d'élus, doit apporter au citoyen la preuve qu'il a fait l'effort de chercher une palette de propositions.

7 JUSTICE

7.1 Liste des sanctions

Selon la gravité des infractions aux codes de la loi, les individus seront

1. condamnés à une amende ;
2. destitués de droits, de façon temporaire ou définitive ;
3. maintenus dans une prison ;
4. exécutés.

Les sanctions 1 à 3 sont cumulables.

7.2 Détermination des sanctions

7.2.1 Individus mineurs

Selon la gravité de l'acte, le mineur est envoyé en maison de redressement pour un nombre d'années adaptés à la gravité de l'acte.

Pour fait de viol, de blessure et de torture, la majorité de l'individu est repoussée de trois ans.

Pour meurtre, la majorité est repoussée à une date qui dépendra du progrès moral et mental que l'individu aura fait dans le centre de redressement. À partir de 18 ans, il sera placé en prison pour adulte.

7.2.2 Individus majeurs

Les infractions mineures sont sanctionnées par des amendes.

Le meurtre est l'infraction majeure et implique la peine de mort du coupable.

Entre le meurtre et les infractions mineures, selon la gravité de l'acte, le coupable encoure des peines de prison et / ou de destitution des droits.

7.2.3 Immigrés

Les immigrés temporaires ayant commis des actes hors-la-loi sont expulsés. Les immigrés invités ayant commis des actes hors-la-loi sont punis au même titre que les citoyens. Une récidive entraîne leur expulsion.

7.3 Le système carcéral

7.3.1 Objectifs de l'incarcération

La prison est un espace hors démocratie et hors société : le prisonnier n'y a pas le droit de jouir d'une vie sociale, ceci afin de lui faire comprendre que par ses actes répréhensibles il détruit les règles du vivre-ensemble démocratique. Il doit donc faire l'expérience d'une phase de vie hors du système démocratique, pour comprendre le bien-fondé de celui-ci.

7.3.2 Durée des incarcérations

La durée minimale d'incarcération est fixée à trois mois.

Si durant l'incarcération l'individu commet un acte contre-venant aux règles de conduite, la durée de l'incarcération est doublée. La même prolongation peut être rajoutée pour chaque nouvel acte délictueux.

7.3.3 Architecture des prisons

L'architecture des prisons est adaptée aux objectifs de l'in-carcération.

7.3.3.1 Cellules des détenus

Les cellules sont individuelles, aux tons neutres, avec toi-lette, lavabo, lit, chaise, table.
Une chambre sur trois est pourvue d'une grande fenêtre en verre de sécurité, non ouvrable. Les autres chambres sont dépourvues de fenêtre ou avec une lucarne à raz de plafond.

7.3.3.2 Salle du suicide

Dans la salle du suicide sont mises à disposition du détenu des pilules, ou un liquide, composés de substances entraînant une mort rapide et sans douleur. Stylo et papier sont à disposition du détenu pour écrire ses dernières volontés.

7.3.4 Détail des peines

7.3.4.1 Incarcération

Chaque détenu passe un tiers de son séjour dans une cellule avec fenêtre.
En dehors des heures de travail, le détenu est isolé.
Cinq heures par jour, quatre jours sur sept, le détenu tra-vaille dans l'atelier de la prison pour confectionner des objets

de mobilier urbain, les habits des prisonniers et le mobilier de la prison. Les autres jours de la semaine, il travaille cinq heures par jour dans le jardin de la prison.

En plus de ces heures de travail, l'après-midi, les détenus font le nettoyage des parties communes. Avant et après les heures de travail ils font les repas et la vaisselle.

L'alimentation des détenus est végétarienne et additionnée d'un œuf par jour. Deux repas quotidiens sont organisés, que les détenus prennent dans leur chambre avant et après les heures de travail.

Si la peine est supérieure à trois mois, les détenus ont droit à une visite mensuelle d'une heure. Il est interdit aux visiteurs de transmettre un quelconque objet aux détenus.

Tout moyen de communication en provenance et vers l'extérieur est interdit aux détenus (appareils, presse).

Chaque semaine les détenus peuvent emprunter un livre à la bibliothèque de la prison.

Les détenus qui le souhaitent ont la possibilité de se suicider. Sur leur demande, ils sont conduits à la salle du suicide.

7.3.4.2 La peine de mort

Tout individu ayant tué volontairement sera exécuté. L'exécution aura lieu un an après la date du verdict. Cette année ante-mortem a pour objectif de donner au meurtrier la possibilité de réfléchir à ses actes et au sens de la vie.

L'année ante-mortem est effectuée dans les mêmes conditions qu'une incarcération normale.

Le condamné peut se suicider s'il le souhaite, avant terme ou à terme. S'il est récalcitrant, il sera immobilisé de force et recevra par injection les substances mortelles, sans douleur et rapides.

Le condamné peut inviter jusqu'à cinq personnes à assister à l'exécution ou au suicide. Auparavant, il peut recevoir, dans la semaine avant le terme, des visites des membres de sa famille, pour leur parler et leur remettre ses lettres testamentaires.

7.4 Financement du système carcéral

Les prisonniers doivent cultiver leur nourriture.

La nation finance les emplois des gardiens et autres fonctions nécessaires au bon fonctionnement de la prison, ainsi que la construction et l'entretien des bâtiments.

8 ASSOCIATIONS

8.1 Définition et principe

Une association est la réunion de personnes poursuivant un objectif commun, et décidant pour cela de mettre en commun divers moyens (locaux, terrains, matériel, etc.).

Le principe d'une association est que chaque adhérent met en commun des ressources personnelles.

Par définition un adhérent est une personne qui souhaite être active au sein de l'association. Seuls les donateurs sont dispensés d'action dans l'association.

L'association tient à jour le registre des adhérents et des donateurs.

8.2 Activité

Dans le cadre de l'association, les adhérents pratiquent tous une activité qui s'inscrit dans l'objectif de l'association.

8.3 Subventions

La pratique des subventions appartenant désormais à une période révolue, aucune association ne peut recevoir de l'argent public. De même le financement de leurs locaux ou terrains ne peut être effectué par des organismes publics.

Les organismes publics peuvent effectuer seul le prêt gratuit de locaux ou de terrains. Toute dépenses attenantes doivent être facturées aux associations.

8.4 Reconnaissance

Certaines associations, sur la base des savoirs et savoir-faire de leurs adhérents, peuvent être reconnues d'utilité publique. Elles peuvent alors prodiguer aux personnes dans le besoin aide matérielle et conseils.

8.5 Financement

Pour subvenir à ses objectifs, une association peut fixer un droit d'adhésion, payé en euros. Elle peut également recevoir des dons monétaires et des legs en matériel, locaux ou terrains. Elle ne peut pas revendre ceux-ci.

La vente de produits de l'activité des adhérents (livres, objets, prestations personnalisées de conseils, visites guidées, etc.) est interdite, car empiétant sur la société coopérative.

8.6 Emploi

Hormis pour les fonctions d'organisation (trésorerie, secrétariat), aucune personne ne peut être employée par une association. Toutes les activités des adhérents de l'association sont bénévoles : elles ne donnent lieu à aucune rémunération ni à aucune compensation.

9 PLACE DES RELIGIONS

9.1 Forme légale

Une religion est reconnue en tant qu'association religieuse. Une association religieuse peut employer un ou des religieux.

Toute activité commerciale en lien avec une religion doit être enregistrée en tant qu'entreprise (coopérative ou non).

9.2 Financement

Sur le territoire national, aucune activité religieuse ne peut recevoir de subventions.

Seuls les monuments historiques sont entretenus grâce à l'argent public. Les frais attenants d'utilisation (électricité, chauffage, nettoyage, etc.) sont à la charge de l'association religieuse.

9.3 Message religieux

Les idées, notions, concepts, hypothèses, etc. transmises avec le message religieux doivent être compatibles avec la culture française moderne : égalité des sexes, refus de la souffrance animale, objectivation du corps, liberté de conscience, sollicitation de l'esprit critique, respect de la Nature.

Le message religieux doit être proposé en langue française, et les textes lus et enseignés doivent pouvoir être consultés librement par tous les citoyens.

9.3.1 Cas de l'Islam

Étant donné l'infiltration de la religion islamique par des sectes fondamentalistes,

- Les imams doivent suivre une formation théologique en France ;
- Les textes des prêches et des enseignements religieux doivent être, avant parution ou lecture, autorisés par un organe de l'état dont les députés auront voté la fonction de contrôle de conformité des religions ;
- Le financement des lieux de culte et des postes d'imams doivent être validés par ledit organe de contrôle de conformité des religions.

10 POLITIQUE ÉTRANGÈRE

10.1 Gestion des frontières nationales

Le contrôle systématique aux points de passage des frontières nationales est restauré. Nos frontières seront à nouveau surveillées en permanence sur toute leur longueur.

Toutefois, si le contrôle aux frontières européennes peut être établi de façon satisfaisante – ce qui implique une filtration des individus, les frontières nationales demeureront ouvertes. Le pays participera alors activement à la surveillance des frontières européennes.

10.2 Accueil des ressortissants européens

Les ressortissants de l'union européenne sont dispensés de séjourner dans les centres d'accueil des immigrés.

10.3 Construction européenne

10.3.1 Objectifs de l'union européenne

Dès maintenant doivent être entreprises les démarches nécessaires pour doter l'Europe d'une législation économique commune, d'une douane commune, d'une armée commune, d'une politique extérieure commune.

Si ces démarches ne sont pas initiées, l'Europe ne peut que demeurer une abstraction, dont la France doit de se retirer. Si ces démarches sont initiées, la France se maintient dans l'union européenne.

10.3.2 Politique agricole commune

La France ne participe plus à la politique agricole commune : elle ne prélève plus auprès des citoyens et des entreprises ni ne reverse aux agriculteurs et autres bénéficiaires antérieurs de la politique agricole commune.

10.3.3 Représentation populaire des nations

Les députés nationaux exercent désormais, en plus de leur activité de représentation du peuple de France au parlement, l'activité de représentation du peuple de France au parlement européen.

10.4 Interventions militaires hors de France

L'armée française ne peut être engagée que pour soutenir les peuples dont des régimes politiques organisent l'extermination massive. Elle ne le fera qu'intégrée à l'armée européenne.

10.4.1 Cas particulier de la guerre contre l'état islamique

Une intervention au sol est nécessaire, avec débarquement de troupes. Un front de guerre doit être mis en place ; au fur et à mesure de l'avancée de nos troupes les personnes fuyant les combats et l'état islamique pourront se réfugier derrière nos lignes, et commencer à organiser, en sécurité, le nouvel avenir de leurs pays (Libye, Syrie). Ainsi cessera le flot de réfugiés vers l'Europe.

Les réfugiés déjà présents en Europe doivent être incorporés à une armée de libération de la Libye et de la Syrie.

UNE MOSQUÉE EN PROJET

Part d'émotivité du texte : ++
Part de logique : ++

Je vais reproduire ici le courrier que j'ai adressé à mon député et au maire de la ville de Saint-Lô, suite à l'annonce dans la presse locale en janvier 2016 d'un projet de mosquée. Je leur fais part de mes inquiétudes, qui sont difficiles à mettre en mots parce que se rejoignent dans cette problématique les thèmes de l'immigration, de la religion, du sectarisme, du terrorisme religieux, de l'arrivée d'une culture différente, de l'identité française. Auparavant, des éclaircissements et des interrogations précisées sont nécessaires.

1 DES FRONTIÈRES ET DES CULTURES

Un mois après la rédaction de ce courrier, je constate combien il est difficile de faire un travail d'équilibriste entre le mouvement des « no-border », mouvement qui prône la fin des frontières et des nations, et le nationalisme strict qui assigne un peuple et un seul à un territoire délimité et défendu.

Une question semble devenue taboue : peut-on demander, peut-on sous-entendre, que sur certaines parties du sol de France, certaines cultures ne doivent pas s'installer ? Ne sont pas bienvenues ? Cette question est-elle nécessairement raciste ? Je crois qu'un nombre croissant de Français se posent cette question, question qui ne m'est pas nouvelle parce que, ayant grandi à l'étranger, je l'ai parfois sentie à fleur de peau dans les anciennes colonies françaises. Un curieux renversement de l'histoire est-il en train de s'opérer, ou ne sont-ce là que des vues et des peurs de l'extrême-droite (« grand remplacement », revanche des colonies)? Car par le passé nos ancêtres n'avaient aucun droit légitime de s'introduire dans ces cultures étrangères d'outre-mer, de les écarteler, de les brimer, de prendre les richesses de leur végétation et de leur sous-sol, si ce n'est par la légitimité que procure la force militaire. Les autochtones ne voulaient rien d'autre que conserver leur culture, mais le colon le leur interdisait. Deux ou trois siècles plus tard dans ces territoires d'outre-mer, ceux que l'on nomme désormais « indépendantistes » militent toujours pour que leur culture retrouve sa souveraineté sur la terre de leurs ancêtres. Et au même moment en France, sous l'effet de la mondialisation et de l'immigration régulière, la culture française se réduit à peau de chagrin.

Je crois que, sur le territoire métropolitain, la peur de perdre la culture française existe bel et bien. Je crois que cette peur n'est pas juste un argument du Front National, comme le dit la gauche (mais elle le dit uniquement comme manœuvre stratégique pour assurer sa réélection, car concrètement elle n'a cure des traditions locales de France). Considérons un instant la polémique autour de la petite ville de Charvieu-Chavagneux, dans l'Isère. Un reportage de l'émission *Envoyé Spécial* y fut consacré en ce mois de février 2016. Le maire et le conseil municipal de cette commune estiment qu'il ne doit pas y résider trop de maghrébins ou d'enfants nés en France de maghrébins, quand bien même dans les années 1960 de nombreux Marocains sont venus en France pour travailler à la demande des entreprises locales. Destruction de la mosquée, séparation dans l'espace des habitats, différenciation des investissements publiques, préférence des logements sociaux pour les « personnes avec un nom bien français », etc, sont les stratégies de la mairie pour décourager les Français d'origine africaine de s'installer dans la commune. Le maire pense que pour le vivre-ensemble il ne doit pas y avoir trop de gens à l'apparence étrangère ; il semble situer la limite à 30 % de la population. Sur le marché hebdomadaire, des personnes âgées disent ne plus se sentir en France, ne plus se sentir chez elles.

On voit comment la culture locale a disparu en une tren- taine d'années : fermeture massive des entreprises, cessations d'activité des artisans, préférence majoritaire des grandes surfaces, délaissement de l'habitat en immeuble. Cette évolu- tion touche toutes les communes. Les marchés en France n'ont pas la cote, tout le monde préfère les grandes surfaces. Qu'on ne vienne pas me dire le contraire, sinon on ferait l'effort, comme en Allemagne, d'instaurer des marchés en soirée (pour que ceux qui travaillent en journée puissent s'y rendre). En France les marchés sont le matin en jour de semaine : seuls les seniors peuvent s'y rendre, la population active ne le peut pas. Les vieilles dames blanches sur le marché de Charvieu-Chava- gneux se sentent étrangères chez elles, car, c'est un fait, au marché elles sont minoritaires[5]. Je vois là un double dépit : dépit des « français de souche » face à leur passé perdu, dépit des populations d'origine maghrébine en constatant qu'on ne leur tend pas la main, en constatant qu'elles ne sont pas bien- venues (que ce soit la première ou la troisième génération).

Je ne saurai faire des scénarios pour les années à venir, je n'ai pas de solution pour faire du jour au lendemain une France apaisée. Mais je ne pense pas que la stratégie bien- pensante, qui consiste à traiter de vieux fascistes les blancs de Charvieu-Chavagneux, soit une prémisse à la solution. Je doute même que forcer la situation à évoluer, quel que soit le bord politique d'où proviennent la poussée, ne fasse qu'ame- ner la situation vers encore moins de dialogue.

---

5 Dire simplement que les individus n'ont pas tous la même couleur de peau peut vous faire passer pour un raciste ; dans le texte *La bien-pensance* j'explique l'ori- gine de ces déformations contemporaines du mot racisme.

2 LE DROIT DU SOL ?

J'en viens donc à la notion de « droit du sol » (pour laquelle j'apporterai quelques éléments supplémentaires de définition dans le texte *L'anti-racisme*). J'affirme ici que je ressens, dans cette expression, une part de vérité. S'y rattachent des notions comme la souveraineté alimentaire (la non-soumission aux multinationales de l'agrochimie), le souvenir des anciens, les traditions locales, le terroir. Que les personnes qui vivent sur un territoire donné décident elles-mêmes comment elles veulent vivre. Je ne vois dans ces notions de localité, de « ici et non ailleurs », « ici on fait comme ci et pas comme ça », rien de choquant. Mais le droit du sol peut être étendu jusqu'à la notion « d'espace vital », c'est-à-dire le besoin pour un peuple de disposer de terre sur lesquelles il pourra s'étendre *à l'avenir*. Cette notion-là est funeste, car elle fut une des motivations du national-socialisme allemand. Et je sais aussi les limites théoriques de l'expression droit du sol : sur aucune roche, sur aucun fond d'océan ou de fleuve n'est écrit que cette partie de la terre appartient à tel ou tel peuple, que ce fleuve ou cette montagne est la frontière entre tel et tel peuple. Où qu'il soit sur Terre, le sol, donc la Nature, accueille toujours l'être humain, à la condition qu'il prenne soin d'elle. L'idée d'être propriétaire du sol est une création humaine ; depuis bien longtemps notre biologie ne nous assigne plus à la défense d'un territoire. Mais peut-être que nos gènes nous insufflent encore ce sentiment, car ne sommes-nous pas les animaux perdus de l'évolution ?

M'étant rendu dans le nouveau quartier Beaulieu de la petite ville de Carpiquet, dans le Calvados, je contemplais tous ces nouveaux petits immeubles d'habitation de quatre ou cinq étages, les rues bordées d'arbres, les commerces au rez-de-chaussée. Bitume, béton, métal, lignes modernes : un quartier moderne d'habitation, comme on les fait de même dans le

Sud de la France, en Allemagne, en Italie, au Danemark, aux États-Unis, en Afrique du Sud, en Australie, en Autriche... Vous voyez où je veux en venir : dans de tels espaces, effectivement, la notion de droit du sol n'a aucune validité, aucune signification. Quelle que soit votre ethnie, votre couleur de peau, vos habitudes comportementales, tous ces aspects de l'individu ne sont plus en aucune façon déterminés par les caractéristiques de la végétation, de la faune et du sous-sol sur le territoire en question. La couleur de la terre, les essences des arbres, le nombre d'heures d'ensoleillement, la température, la pluie, les oiseaux... De nos jours rares sont les peuples qui revendiquent comme faisant partie de leur identité les liens ancestraux avec la Nature. Au contraire, tout le monde peut se revendiquer être un enfant du bitume et du béton. Au centre de ce quartier nouveau s'élève l'imposant Stade Ornano de football. Le long de ses plus hautes parois verticales pendent des affiches. En haut de celles-ci sont figurés nos « ancêtres » normands, fiers guerriers et marins, habitués à la vie rude et au combat. En dessous, on voit des photographies des joueurs de l'équipe locale de football, avec leur t-shirt de sport. Ils sont blancs, blacks, beurs, ils sont tous normands : c'est le message de ces affiches géantes. Dans la cité, dans l'espace urbain, et c'est en partie ce qui fait l'attraction des villes, chaque personne est libre, aucune n'est brimée pour son origine ou pour son comportement. Le béton et le bitume sont les mêmes pour tout le monde.

Pas de droit du sol dans la cité... à priori. Car on sait bien que le droit du sol urbain existe : c'est le montant du salaire qui le détermine. Par là les riches, par ici les pauvres, par là-bas les classes moyennes. Certains espaces sont réservés à certains groupes, les étrangers du quartier ne sont pas bienvenus. En théorie nous sommes tous égaux face au sol, tous égaux face à l'argent. Mais quoi qu'on dise, les ségrégations spatiales, même si elles ne sont contenues dans aucun texte de loi, continuent bel et bien à exister. Ne serait-ce que les boutiques, qui affichent clairement leurs critères de discrimination de la clientèle selon l'épaisseur du porte-monnaie (et voilà bien une discrimination flagrante qui ne gêne pas du tout la gauche). Abroger les discriminations est un objectif noble, mais ultime, dont on peut douter qu'il ne soit jamais atteint. Tant que l'Homme demeurera Homme, c'est-à-dire tant que certains individus auront une envie irrépressible de contrôler les autres, les discriminations existeront.

Enfin, je suis conscient que la notion de droit du sol implique que les autochtones aient toute légitimité pour repousser les étrangers. La gauche veut reléguer aux oubliettes cette légitimité. La gauche veut-elle aller jusqu'au bout de cette logique, c'est-à-dire interdire la propriété privée ? Pour ma part, je crois que la gauche oscille entre le libéralisme débridé (tout est permis, liberté totale de conscience et de comportement, héritage de mai 68) et le néo-communisme (morale de la bien-pensance, égalitarisme, interdiction des discriminations). Je n'adhère pas à ces objectifs. Revenons sur le plancher des vaches : la question est alors de savoir si l'on peut légitimement interdire l'entrée sur le sol de France aux personnes qui demandent à entrer ? Étant donné la situation économique calamiteuse de notre pays, je réponds oui. On ne doit accueillir que des personnes dont est relativement certain qu'elles trouveront rapidement un travail. Et les autres qui resteront devant la frontière, me demanderez-vous ? Faut-il les laisser mourir de faim ou de froid ? Oui. Ce qui est gênant, c'est que cela va se voir, alors que quand ce sont des millions de paysans expropriés qui s'entassent dans les bidonvilles de pays du Sud, et qui vont être exploités, qui vont être traités comme des esclaves, pour coudre nos slips et nos chaussettes, cela ne se voit pas. Les caméras détournent leur objectif. Chaque vêtement que vous portez est réalisé par un esclave des temps modernes ; mais votre conscience s'arrête à la frontière. Je préférerai regarder dans les yeux la personne qui souffre : au moins je ne serai plus le même après cette confrontation, et je changerai mes habitudes de consommation. Le jour où nous verrons les cadavres à nos frontières, les charniers qui les accueillent au bulldozer, le jour où l'on sentira à nouveau en France la putréfaction des corps en décomposition, nous changerons notre politique étrangère.

Ces images vous choquent ? Mais que voulez-vous ? C'est notre nature humaine de tout supporter jusqu'à ce que la situation devienne vraiment honteuse, jusqu'à ce que chacun de nous soit secoué dans sa chair et perde sa conception de l'humanité, perde son estime de soi. Mais l'histoire est là pour nous enseigner à ne pas répéter les errements du passé, me direz-vous. Bof ! Les leçons des livres d'histoire ne sauraient remplacer les leçons de la réalité. La vie est d'abord ce qui se vit, pas ce qui se lit.

3 UNE CULTURE SANS SOL ?

Ce qui est certain, c'est que si le droit du sol est en passe de devenir une notion du passé avec l'avancée de la modernité urbaine, s'il n'est plus qu'une image d'Épinal du temps d'avant quand la circulation des personnes était encore physiquement difficile (voyages en bateaux et à cheval), *alors le droit du sol n'est plus un élément constitutif de l'identité de l'individu*. Il est tel un vêtement que l'on abandonne, et ce « déshabillage » augmente donc l'importance relative de la *culture* dans la constitution de l'identité individuelle. Moins on a de sol, plus on a de culture. Et cette situation est alors favorable aux radicalisations culturelles ; plutôt que d'espérer quelque chose de la terre, certaines personnes en viennent à tout espérer de leur culture. La Terre qui, d'une certaine façon, remet toujours les Hommes à leur juste valeur. Plus on est loin de la Terre, plus on délire. Les « sans-sol » mettent tous leurs espoirs dans leur famille, leur travail, leur religion, leur sport... Mais qu'est-ce qu'une culture si celle-ci est totalement privée d'ancrage dans la terre ? Cela nous emmène vers la notion d' « homme hors-sol » développée par Pierre Rabhi. Une culture uniquement intellectuelle, un « peuple sans terre », que la gauche mondialiste nous assène sans relâche, est-elle préférable à une culture née du droit du sol ? Le droit du sol qui par ailleurs stipule que chaque peuple à droit à un bout de terre ? Plutôt que de répartir la Terre équitablement entre tous les individus, il me semble que la gauche préfère s'éviter cet effort en assignant les gens dans les villes. Une solution de facilité.

Une fois ce contexte posé, mon programme politique Circum 40 paraît-il toujours si froid et inhumain ?

Et puis, peut-on vraiment interdire la délimitation d'une culture dans l'espace ? Imaginons, à la campagne, que tous les individus sont interchangeables, c'est-à-dire que chacun peut aller vivre au bord de mer, dans la plaine, en montagne, au bord d'un lac... ce qui est le cas aujourd'hui. Cela empêche-t-il l'émergence de cultures liées aux particularités physiques de la zone géographique en question ? Par culture j'entends les habitudes de vie, les rituels, les éléments de langage, les vêtements, l'alimentation... Peut-on interdire, par exemple, aux habitants d'une vallée de se différencier des habitants de la plaine, en inventant des mots, en créant des vêtements uniques, en instaurant des fêtes rituelles ? L'individu, ancien comme moderne, cultive ce qui fait de lui un être unique ; *se différencier est une caractéristique intrinsèque de notre espèce.* Les religions ne font pas autre chose. Elles se propagent à travers l'espace et perdurent à travers le temps parce que les textes, les mythes fondateurs et les rites sont transmis de maître à apprenti, à chaque génération. Et cela engendre une séparation entre les initiés et les profanes. La diversité religieuse est légitime ; elle est même bénéfique, car on sait

ce qu'il advient quand une religion veut l'hégémonie universelle.

Vous voyez que je ne prétends pas détenir une vérité : avec
les textes qui composent ce livre, j'essaie simplement de me
construire une opinion personnelle tout en sachant qu'il
n'existe aucune voie clairement définie, qu'il n'y a pas de
chemins mais un vaste espace où tout semble possible, au
niveau de la culture comme au niveau de l'individu. Et pour la
culture française, il me semble qu'en ce moment cet espace
des possibles est tel un marécage brumeux : difficile de savoir
quelle est la bonne direction pour le pays, et difficile d'avancer.

4 À LA RECHERCHE DE MES RACINES

Moi qui suis revenu en France, sur les terres de mes
ancêtres, pour cultiver ces terres, je cherche l'identité française, et je n'en trouve que des filaments. Sans argent public
pour financer des structures de sauvegarde du patrimoine local
(le parc des marais ou les musées du terroir par exemple, qui
aident à maintenir le bâti traditionnel), celui-ci aurait disparu
depuis une trentaine d'années du fait de l'évolution technique
de l'agriculture, de l'artisanat et surtout de l'exode rural.
Peut-on seulement dire qu'aujourd'hui nous possédons un
héritage de ce passé ? Un héritage suppose un transfert de
connaissances et de matériau, d'outils, de savoirs, de savoir-
faire, de savoir-être. Mais tout ce legs de la ruralité d'avant-
guerre peut-il seulement avoir une fonction dans notre mode
de vie citadin ? Aujourd'hui, même à la campagne on vit
comme à la ville : supermarché ou discounter, télévision,
internet, les glaces sont dans le congélateur, la voiture est
équipée de jantes alliage. L'héritage semble se résumer à un
souvenir. Or un héritage ne peut pas être juste un souvenir.

On ne voit pas que la modernité nous a entraîné dans une perte de repères, de racines, de liens. L'avenir est-il à encore plus de dépouillement ? À encore plus de vie hors-sol ? De culture sans sol ? La gauche vit du mythe de l'Homme qui est partout chez lui sur Terre, faisant fi des différences culturelles. Elle souhaite homogénéiser tous les terriens, elle souhaite les couper de leur terre et de leurs racines, et ainsi elle aura atteint son rêve : qu'on ne puisse plus discriminer !

5 NE PAS SE PERDRE DANS LES IDÉES

On peut dire que même sans le terrorisme, même sans l'immigration actuelle, la France a déjà assez de problèmes sur les bras. Bien sûr la réalité ne va pas me laisser me débiner aussi facilement avec cette réplique ; mais c'est comme dans la vie, parfois tous les emmerdements arrivent en même temps. Ce qui signifie qu'il n'y a pas de hasard, qu'il y a quelque chose qui les a attirés à cet endroit-là à ce moment-là. Cela vaut pour un individu comme pour une nation. Il faut alors prendre du recul, il faut s'interroger sur son passé et sur ses habitudes, et surtout il ne faut pas taire les émotions. Certains bien-pensants nient la réalité, et en clamant immédiatement que tel ou tel discours est nauséabond, sous-entendu discriminatoire, sous-entendu fasciste, sous-entendu nazi, ils nient la réalité des sentiments qu'éprouvent certains citoyens. Donc jouons carte sur table : disons tous ce que nous pensons et ressentons. C'est le préalable indispensable au débat démocratique. Le programme de Nelson Mandela pour mettre fin à l'apartheid était « vérité et réconciliation ». Il faut commencer par la vérité, il faut commencer par dire ce qui est (les faits, les opinions, les émotions). Car on ne peut construire que sur la vérité. Voici donc la lettre que j'envoyais au maire de Saint-Lô et à mon député, pour leur faire part de mes préoccupations :

6 MONSIEUR LE MAIRE, MONSIEUR LE DÉPUTÉ,

Sans doute avez-vous pris connaissance, par voie de presse ou autre, du projet de mosquée à Saint-Lô dans le bâtiment des anciennes archives du Crédit Agricole. Pour le bien-être des musulmans actuellement présents dans la ville, et pour le bien-être des « migrants » qui ne manqueront pas d'arriver prochainement, je vous demande d'user de votre droit de préemption pour stopper la concrétisation de ce projet. Au-delà de tout préjugé, il s'agit d'une action préventive. Permettez-moi de m'expliquer.

À l'échelle du globe, vous savez comme moi que l'islam est une religion, ou plutôt un ensemble culturel, qui est utilisé par de nombreuses sectes : Al-Qaïda, daesh, akmi, bokoaram, frères musulmans... Avec pour conséquence les guerres et les attentats que l'on sait, depuis les années 1990. Pourquoi cela ? Tout d'abord, il parait maintenant évident pour les spécialistes des religions, que les textes de l'islam contiennent en eux-mêmes assez peu d'incitations à l'auto-critique. Ceci favorise les interprétations les plus fantaisistes, les plus littérales, les plus belliqueuses. Aussi, il existe différentes conceptions et pratiques à l'intérieur même de l'islam (chiite, sunnite, wahhabite, salafiste, soufi) qui sont en confrontation ouverte et violente entre elles, pour ne pas dire guerrière, depuis plusieurs siècles. Pour comparaison, dans la chrétienté, dans le judaïsme, dans le bouddhisme, les tenants des différentes interprétations ne sont plus en guerre et pratiquent l'œcuménisme. Enfin, l'histoire a tracé pour l'islam, au cours des derniers siècles, un chemin sans contact avec le pouvoir analytique et explicatif du monde que propose la philosophie (à commencer par Kant, qui a établi que la raison n'est pas un attribut divin, Descartes, Nietzsche, Montaigne même), et sans contact avec les avancées des sciences naturelles. Ces trois caractéristiques de l'islam (amplitude des interprétations des textes, isolement de la philosophie matérialiste et isolement des nouvelles conceptions scientifiques du monde et de la vie) expliquent selon moi que cette religion, aujourd'hui, est la plus sensible, la moins protégée, face aux récupérations sectaires.

Les musulmans immigrés en France depuis peu, et ceux à venir, sont dans une période difficile de leur vie : coupure d'avec le pays d'origine et d'avec la famille, possibles traumatismes de guerre... Ces personnes sont psychologiquement vulnérables. Arrivées en France, elles voient des choses et des pratiques qui, dans leur culture islamique d'origine, sont interdites sinon répugnantes : pensons ici à notre agriculture, plus précisément à l'élevage de porc, à la production d'alcools (cidre, poirée, calvados, bière), à l'abattage moderne des bestiaux, pensons ici à la liberté des femmes et des hommes en matière de religion, sexualité, style de vie..., pensons ici à nos lieux publics communs et mixtes (piscines, théâtres, associations de danse...) Tout cela qui est pour nous, Français de souche ou Français naturalisé depuis une ou deux générations, une évidence, un ensemble de droits, est à leurs yeux satanique, impur, impie, décadent. Mettons-nous à leur place : quel choc ce serait pour nous que de s'exiler et de vivre du jour au lendemain selon la charia telle qu'elle est appliquée en Arabie Saoudite par exemple ? Comment ferions-nous pour retrouver des repères à notre existence ? Dans cette situation, les immigrés peuvent être facilement séduits par un discours sectaire, qui apporterait de soi-disant preuves de la décadence de notre culture, et qui leur attribuerait pour mission de purifier la France. Ne nions pas la force de la propagande sectaire se revendiquant de l'islam : des personnes nées en France, pourtant baignées de notre culture, ont succombé à cette propagande sectaire, sont parties en Syrie faire la « guerre sainte » et sont revenues tuer les nôtres en novembre 2015.

Des immigrés déracinés pourront encore moins opposer une résistance à une propagande sectaire.

Les mosquées sont gérées par des imams, des prédicateurs auto-proclamés ou sinon promus par les grandes richesses arabes. Nous savons que certains savent à peine parler français, mais cela ne les gêne pas, car ils enseignent ici en France le coran en langue arabe. D'un point de vue législatif, nous n'avons pas de moyens pour contrôler l'honnêteté intellectuelle des imams, pour contrôler leurs interprétations des écritures religieuses, pour contrôler leurs prêches et leurs textes avant qu'ils ne les rendent publiques. D'un point de vue pratique, la police et la mission de lutte contre les sectes ne disposent pas assez d'agents pour infiltrer tous les lieux où sont dispensées des paroles islamiques. Pouvons-nous donc faire confiance à tous les imams ? Hélas il me semble que non. Les injonctions de la mosquée de Bron Terraillon, à Lyon, où le terroriste de l'attentat de Valence (qui a lancé sa voiture contre des militaires) était un pratiquant fidèle et humble, laissent penser le pire. On peut lire sur la page Facebook, publique, de cette mosquée, l'injonction pour les hommes de ne pas regarder ni parler aux femmes quand elles passent dans la rue, l'injonction pour les femmes de porter le voile intégral – avec même des conseils pour l'ajuster idéalement –, l'injonction de ne pas assister à des rituels chrétiens ou d'autres religions. Misogynie, contrôle des vêtements, refus d'œcuménisme : ces injonctions ne sont pas compatibles avec notre culture, avec nos lois et notre constitution et, même si l'on ne peut pas prouver qu'une secte sévit dans cette mosquée, ces paroles sont compatibles avec les méthodes de contrôle mental des sectes (s'isoler, expliquer que les autres sont moins bien, assigner des vêtements selon les statuts...) La page Facebook de la mosquée, que j'ai consulté en personne, a été supprimée quelques jours après l'attentat contre les militaires, curieusement. Vous pouvez lire les articles à ce sujet sur le site internet de Riposte Laïque. Pour donner un seul autre exemple, le journal Valeurs Actuelles a reporté l'impossibilité pour les personnes non vêtues d'habits musulmans d'emprunter les trottoirs aux abords de la mosquée de Quimper, trottoirs gardés par des musulmans ! Et l'imam de cette mosquée prêchait aux enfants qu'écouter de la musique allait les transformer en porc... Je vois dans ces signes extérieurs d'un islam, qui pourtant se revendique modéré, des *indices* de sectarisme. Et contre le sectarisme, la philosophie des Lumières nous oblige à agir sans attendre.

Vous savez ce que l'on dit à propos des revendications des musulmans : viande halal, horaires de piscines réservés aux femmes, bellicisme d'un certaine organisation représentant l'Islam en France, exemption de travail pour les fêtes religieuses, refus de se faire soigner par des femmes médecin... On peut lire ici et là que c'est une stratégie d'invasion, à moyen terme, lentement mais sûrement, pour aboutir à la situation qu'a si bien illustré Michel Houellebecq dans son livre *Soumission*. C'est la théorie du « grand remplacement » de Renaud Camus. Une lente mais certaine vengeance de la part de ceux que nos ancêtres avaient colonisés ? La philosophie des Lumières nous oblige à garder l'œil ouvert, à ne négliger aucune issue, à ne pas croire aveuglément tous les musulmans qui clament le « pas d'amalgame ». Le loup est déguisé en brebis, parmi les brebis.

Je pense là en toute objectivité, car il est hélas tout à fait possible qu'une religion devienne pervertie : on sait que les anciennes religions d'Amérique du Sud avaient banalisé le sacrifice humain et l'esclavage.

Ce sont assurément des temps très difficiles pour les musulmans. La difficulté est similaire à celle qu'a dû surmonter le christianisme pour se débarrasser de ses pratiques barbares (inquisition, tortures et bûcher pour les hérétiques), et en même temps l'islam doit s'adapter en l'espace de quelques décennies aux percées de la philosophie et de la science. Je plains sincèrement les musulmans, mais je ne veux pas être la victime de ceux qui veulent rester dans leur erreur et leur ignorance. Le mode de vie islamique peut être adapté à notre culture séculaire et post-chrétienne, mais il faut redire avec fermeté que *les musulmans immigrés ou naturalisés doivent faire cet effort d'adaptation, et qu'ils n'ont aucune légitimé à exiger le contraire, c'est-à-dire que nous nous adaptions à leurs us et coutumes.* J'ai grandi à l'étranger, je sais de quoi je parle. La culture locale doit être respectée, car chaque nation est souveraine.

Revenons au projet de mosquée à Saint-Lô. Pourquoi les musulmans du centre Manche ont-ils enregistré leur association comme association culturelle et fraternelle ? Pourquoi ne pas la déclarer comme association religieuse tout simplement ? Pourquoi recherchent-ils un bâtiment discret comme l'explique l'article de la Manche Libre du 16 janvier ? La fraternité déclarée fait-elle référence à la secte des frères musulmans ? Ce serait inquiétant. Michel Onfray rapporte que la déclaration en tant qu'association culturelle, et non religieuse, est une pratique récurrente dans tout l'hexagone. Pourquoi ? Pour ne pas attiser les tensions, ou bien parce que l'ombre est agréable ?

L'objet de l'association qui nous concerne est de promouvoir la gestion et la pratique du culte musulman en centre Manche. Faisons un exercice de pensée. Allez-vous autoriser que les musulmans distribuent des prospectus expliquant pourquoi les femmes devraient cacher leurs cheveux et leurs formes, ou que la viande de porc devrait être interdite ? Actions qui seraient permises par l'objet de l'association, et ce alors même que l'on ne peut pas s'assurer de l'absence d'influence sectaire. En tant qu'élu, pouvez-vous vous engager personnellement sur la bonne volonté de ces musulmans ?

Et si on doit apprendre dans six mois ou dans deux ans qu'un terroriste a été, à Saint-Lô, conditionné mentalement, en toute quiétude, pour exécuter les commandements d'une secte musulmane ? Votre responsabilité sera alors engagée (j'espère que ces derniers mots vous interpellent et que vous ne faites pas partie de ces bien trop nombreux élus qui se fichent des conséquences de leurs décisions à long terme).

Il n'est pas dans notre culture de pratiquer le culte des ancêtres hormis à la Toussaint. Mais je crois savoir comment auraient pensé mes grand-parents si la menace des sectes isla-miques avaient été de leur temps. Mes grand-parents étaient de Tribehou. Sur les détails, sur les choses pas trop impor-tantes, ils auraient pensé qu'on peut accepter des arrange-ments avec une culture étrangère qui s'implante. Mais sur l'essentiel, ils auraient pensé et dit qu'il faut savoir où l'on va, sinon on ne peut pas vivre. Et si l'on est dans le doute, mieux vaut agir préventivement, pour qu'au moins le pire soit évité. Ainsi, je pense que pour les musulmans depuis peu en France et pour ceux qui arrivent, l'absence de mosquée est préférable. Elle incitera à chercher de nouveaux repères dans notre culture, plutôt que de vouloir chercher un réconfort dans la culture d'origine, importée par des imams à la foi douteuse. Cet effort d'ancrage local est important, car les différences culturelles entre la France et les pays musulmans sont très grandes. Mais cet effort d'ancrage sera en soi le premier pas d'une intégration et d'une reconnaissance de la part des habi-tants. Si on permet aux immigrés de continuer à penser et à se comporter comme dans leur pays d'origine, même en l'ab-sence de risque sectaire, ils ne verront pas la nécessité de faire l'effort de comprendre ni la laïcité française, ni l'héri-tage des Lumières et ils exigeront sans cesse des exceptions communautaristes. La prophétie de Michel Houellebecq sera alors accomplie (déjà qu'aujourd'hui ce n'est rien moins que la prophétie du livre Le camp des Saints, de Jean Raspail, qui se réalise). Quand l'Islam aura été repensé pour inclure la culture française, c'est-à-dire son histoire, ses aspirations et ses défis présents (améliorer l'égalité des sexes, améliorer l'éthique animale, améliorer la santé, améliorer l'alimentation...) – sans tomber dans une conception minimaliste de la culture[6], quand l'islam donc aura été reconstruit en s'intégrant à la culture française, alors la question de la construction des mosquées pour être à nouveau envisagée.

---

6 En France, on tend à réduire la culture à l'art (peintures, sculptures, musique, théâtre...) « on » représente bien sûr les Parisiens et autres citadins qui aiment penser qu'à eux-seuls ils pensent pour la France entière. Je préfère utiliser la conception allemande de la culture, à savoir l'art *et* les modes de vie de tout un chacun, dans les grandes occasions comme dans la vie quotidienne, à la ville *et* à la campagne. Le « brexit » a été l'occasion de prouver une fois pour toutes que les grandes villes ne représentent pas l'intégralité d'un pays (les votes de Londres étaient le contraire des votes de la province). Voilà qui devrait inciter les citadins à la modestie : leur façon de vivre n'est en rien supérieure à la façon de vivre dans les villes moyennes, petites et à la campagne. Les citadins ne sont pas plus « avancés » que les campagnards.

L'ANTI-RACISME

Part d'émotivité du texte : ++
Part de logique : ++

1 QUELQUES DÉFINITIONS

D'après le Larousse 2012.
Discrimination : 1. Acte de distinguer et de traiter différemment certains individus ou un groupe entier par rapport au reste de la collectivité. 2. Discrimination positive, action visant à réduire des inégalités subies par certains groupes ou communautés en leur accordant des avantages préférentiels.

Incitation : pousser à faire quelque chose, encourager.

Haine : 1. Vive hostilité qui porte à souhaiter ou à faire du mal à quelqu'un. 2. Vive répugnance pour quelque chose ; aversion.

Rappelons que la collectivité est par définition constituée de groupes divers et variés, dont chacun revendique ses particularités : bouchers, arbitres, maraîchers, chrétiens, gérontologues, golfeurs ... Chaque individu appartient à plusieurs groupes. La discrimination négative est donc de dire que certaines personnes n'appartiennent pas à un groupe, alors qu'en fait elles en font partie. De dire que ces personnes ne partagent pas les caractéristiques des membres reconnus du groupe. La discrimination négative dans le cas d'une religion est de dire que les pratiquants de telle ou telle religion ne possèdent pas les attributs de, de quoi au juste ? De dire qu'ils n'auraient pas les mêmes droits et les mêmes devoirs que les athées par exemple ? Qu'ils n'auraient pas les mêmes droits et les mêmes devoirs que leurs « frères en humanité », c'est-à-dire qu'ils seraient des sous-hommes ? Dans le cas d'un comportement, discriminer serait de dire par exemple que les porteurs de slips verts fluorescents seraient moins intelligents que les porteurs de slips noirs. Et un exemple concret : sur une affiche du défenseur des droits, on peut voir une personne de peau noire se faire contrôler par des policiers blancs. On peut y lire que le défenseur des droits contrôle le professionnalisme des forces de l'ordre. Sous-entendu que le défenseur des droits lutte contre la discrimination des forces de l'ordre à l'égard des noirs : plus de contrôles, plus d'arrestations. Sous-entendu que notre police serait raciste.

On tombe de facto dans la polémique ; pour éviter les idioties, chacun doit se faire son idée, chacun ne doit se fier qu'à son expérience personnelle en la matière. Les journaux et les documentaires des grands médias ne rendent pas une image objective de la France.

Incitation à la haine : encourager quelqu'un à haïr quelqu'un. Quelqu'un qui aurait au préalable été discriminé. Donc en faire un mouton noir et galeux. Attention danger : quand on veut tuer son chien, on dit qu'il a la rage. Peut-on interdire l'incitation à la haine ? Le législateur répond que oui ; de fait c'est dans la loi, c'est interdit. On peut haïr, on peut dire qu'on déteste untel ou untel, qu'on déteste tel ou tel groupe : c'est la liberté de conscience et la liberté d'expression. Mais que l'on se garde d'influencer les jugements d'autres personnes, que l'on se garde de vouloir les rallier à notre opinion. Que chacun décide pour soi-même à l'aide son esprit critique. Logiquement, il faudrait aussi interdire l'incitation à l'amour, donc interdire les critiques littéraires et assimilés ! Inciter les auditeurs d'une chaîne de radio à acheter tel livre, à écouter telle musique, à assister à la conférence d'untel : ce sont autant de tentatives de contrôler l'esprit critique de l'auditeur. La répétition de ces messages incitatifs est dramatique.

Souvenez-vous du collège, quand on vous disait que c'est bien de jouer de la flûte ou du piano : on vous en a dégoûté.

Dans le présent texte, je vais naviguer entre ces différents écueils, pour parler en toute objectivité d'un thème qui fâche. C'est qu'il le faut bien : on traite trop souvent, à la va-vite, les campagnards de racistes. Mais aujourd'hui, même à la campagne on sait que les noirs (et les femmes) ont une âme. Humour ! Il ne faut pas mélanger racisme, xénophobie et crise identitaire.

2 UNE AFFICHE CONTRE LES RACISTES

Les habitants de la petite ville de Saint-Lô auront sans doute remarqué les affiches, sur mobilier urbain, indiquant aux gens que le racisme c'est mal. La publication de ces affiches n'est vraisemblablement pas sans lien avec l'actuel afflux de clandestins en Europe et avec le projet de mosquée à Saint-Lô. Sachant qu'une organisation nationalement connue pour son engagement contre le racisme (organisation que par politesse je ne nommerai pas, et que par la suite je désignerai par l'acronyme arbitraire de NONORAC – non au racisme) a organisé en 2014 une journée contre le racisme ; sachant que cette organisation a porté sur la place publique un message d'indignation envers l'étude scientifique des normands pour évaluer la présence de gènes nordiques (étude qui selon elle introduirait une discrimination entre les normands porteurs de gènes nordiques et les normands non porteurs...), je me pose une question : ce genre d'affiche anti-raciste n'est-il pas une stratégie pour couper court à tout débat ? Pour imposer le silence ?

Connaissant le caractère discret des normands, qui ne s'expriment pas quand on ne les y invite pas, je pense que NONO-RAC n'aura reçu aucun courrier – ou très peu – de la part des personnes en désaccord avec ses objectifs et avec ses affiches.

Étant écrivain, je prends donc la plume pour communiquer mon opinion et mon ressenti après avoir vu une telle affiche anti-raciste. L'idéal serait un débat public sur ces thèmes, organisé par une association neutre politiquement et idéologiquement (idéalement une association philosophique).

3 LA FRANCE AUX FRANÇAIS ?

J'ai lu quelques textes sur le site internet de NONORAC. Pas tous, car ils sont fort nombreux. Certains auteurs expliquent que l'arrivée de migrants en Basse-Normandie, 300 environ, ne saurait déséquilibrer la population. Effectivement, mais c'est une réalité qui n'est pas généralisable : allez dire cela aux Français de souche dans certains quartiers de Paris ou de Marseille où vivent désormais une majorité d'immigrés ! L'existence de ces quartiers n'est pas de l'ordre de l'opinion, mais du constat objectif. Mesure-t-on les conséquences psychologiques de ce remplacement de population sur certaines parties du sol de France ? En Amérique du Nord les quartiers chinois, latinos, irlandais... ne choquent personne. En France (en Allemagne aussi), on n'a pas l'habitude de ces regroupements, de ces communautés qui marquent visuellement l'espace (par les habits et par les décorations des bâtiments).

Ces quartiers d'immigrés se créent par la force des choses. C'est d'abord dans les grandes villes que le comportement de regroupement par pays d'origine s'exprime le plus. Il essaime maintenant dans la province. C'est inévitable, voyez la situation en Allemagne, où les Turcs ont leurs quartiers, leurs commerces, leurs salons de coiffure, leurs entreprises... dans les villes moyennes et petites. Donc mon reproche est celui-ci : NONORAC invective les Français à accueillir les étrangers, mais rien n'oblige les étrangers, en France, à ne pas se regrouper. C'est d'ailleurs leur liberté, n'est-ce pas ? On ne saurait les *obliger* à se répartir de façon homogène sur toute le territoire national. NONORAC entretient donc une situation paradoxale : l'association exhorte les Français à ouvrir leurs frontières au monde, mais les Français savent que cela va conduire à ce que, sur certaines parties du sol de France, notre culture saucisson-pinard ne sera plus *standard*. Cela peut-il finir comme aux États-Unis, où les quartiers blacks, latinos, chinois ... sont bien délimités et où ceux qui ne font pas partie du quartier ne sont pas bienvenus ? Peut-on imaginer cela en France ? D'ores et déjà certains quartiers de Paris et des environs sont orientés communautairement , dans certaines rues les juifs ne sont pas tolérés par les musulmans, et inversement dans d'autres rues. Certes ces actes de haine ne sont pas le fait de tous les habitants, mais le caractère communautaire des quartiers ou des rues en question, pour certains individus, légitime de facto une forme de « protection » du territoire. Je pense que nous sommes tous d'accord pour dire que ces actes sont incompatibles avec la culture française. Mais si le nombre de quartiers communautaires s'accroît, ces actes vont aussi s'accroître. Comment éviter cela ?

Le droit du sol

Il faut faire un détour par la notion de droit du sol. Mon opinion est que le droit du sol existe, et je comprends ce droit de la façon suivante : là où vous êtes né et là où s'exerce la culture qui a fait de vous une personne adulte, vous avez le droit d'exiger de toute personne qui veut habiter chez vous qu'elle se plie à votre culture. Si elle ne le veut pas, vous avez le droit de ne pas la recevoir chez vous.

Voyons d'abord les implication dans un contexte pluri-national. J'ai vécu en Nouvelle-Calédonie, à Hong Kong, à Tahiti, en Allemagne, et partout, avec ma famille, nous nous sommes adaptés à la culture locale. Si l'immigré bafoue les lois du pays d'accueil, il n'est plus le bienvenu et peut être légitimement expulsé. Ainsi fait tout un chacun dans sa maison. L'immigré qui ne veut pas s'intégrer joue avec le feu, et si en plus il se plaint d'actes racistes, il prend son hôte pour un idiot, il abuse de son hôte. Lorsque je vivais en Allemagne, j'ai appris la langue locale en trois mois. Travaillant alors à l'aéroport, à l'enregistrement des passagers, avec un collègue allemand de souche, nous avons une fois enregistré un couple âgé de vietnamiens. Ils vivaient en Allemagne depuis 1975 mais n'avaient jamais appris l'allemand : leur fille, présente à l'enregistrement, faisait la traduction entre eux et nous. Mon collègue me disait que cette attitude n'était pas correcte. Il n'y avait là nul racisme, mais le droit d'attendre de chaque étranger qu'il se montre volontaire pour comprendre la base de la culture du pays dans lequel il a demandé à vivre, c'est-à-dire qu'il apprenne et maîtrise la langue locale.

Et maintenant dans un contexte national, à l'intérieur même d'un pays.

Le regroupement communautariste des immigrés dans les pays d'accueil (leur non-intégration volontaire) est l'image miroir de la colonisation : nos ancêtres ont fait de même dans les pays colonisés, durant les siècles passés. Sur l'île de la Réunion, une ville est connue pour être la ville des blancs de métropole, qui sont nombreux à s'y regrouper. Faut-il donc voir dans les regroupements communautaires, sur le territoire métropolitain, une forme de revanche, pour nous faire comprendre l'arrogance de nos ancêtres blancs et colonisateurs ? En partie, je pense que oui, car on sait comment l'insulte « nique la France ! » est devenue commune. Peau claire, yeux clairs : dans certains quartiers (une centaine selon le ministre des sports) vous êtes un « céfran », un « babtou ». Un certain parti politique en a même fait son cheval de bataille, faisant des « vieux hommes blancs au pouvoir » leur cible à destituer. Ce parti exige par exemple un devoir de réparation (c'est-à-dire des compensations financières) envers les descendants des esclaves. Une exigence que je trouve ridicule et arriviste : descendants d'esclaves et de colons sont maintenant tous Français, avec les mêmes droits et les mêmes devoirs. On ne refait pas le passé ; l'esclavage est reconnu depuis longtemps comme une atteinte grave aux droits de l'Homme.

4 QUI PERD SON IDENTITÉ A PEUR DE L'ÉTRANGER

Aujourd'hui, la France est faible diplomatiquement, militairement, économiquement. 90 % des biens que nous achetons sont produits à l'étranger, car nos dirigeants politiques ont sabordé notre économie. Rajoutons à cela l'américanisation massive du globe qui n'épargne pas la France, l'abandon massif des valeurs et des pratiques chrétiennes, le culte de la mode... La France perd son identité, c'est un fait, *et qui n'a pas d'identité a peur de l'étranger*. C'est logique. La peur de la revanche des descendants des peuples jadis colonisés est donc justifiée – certes, cette peur est très subjective, mais elle existe bel et bien. L'histoire nous rattrape, à quoi bon le nier ? Tous les immigrés ne pensent pas à mal envers les Français. En se regroupant, je pense qu'ils ont le simple désir de vivre ensemble pour maintenir vivante leur culture d'origine, comme les « métros » le font sur l'île de la Réunion. Tant qu'il existe une tolérance envers les autres cultures et des frontières souples, cela n'est pas gênant, cela est conforme à la culture française du vivre-ensemble. Mais je ne peux pas être naïf. Une partie des personnes qui vivent dans l'entre-soi nous veut du mal, on en a la preuve indéniable depuis les massacres de novembre 2015. Et récemment encore cet homme converti à une culture étrangère qui voulait tuer des enfants à Disney-land, et l'assassinat des policiers à Magnanville. Appréhendé avant de passer à l'acte, l'individu qui voulait tuer des enfants échappe pourtant à la prison et doit porter un bracelet électronique. Je doute que sa haine du mode de vie occidental disparaisse pour autant... *Nous sommes dans un contexte d'interpénétration forcée des cultures, sur fond de crise économique et de retour des guerres de religion.*

5 LE DROIT À L'ENTRE-SOI

L'immigré, me direz-vous, est encouragé au communautarisme si la population n'est pas bienveillante à son égard. On ne peut pas généraliser ainsi le comportement des Français, on en n'a aucunement le droit. C'est rendre les Français responsables des attentats de janvier et novembre 2015[7]. À l'étranger parfois, dans certains pays, les blancs ne sont pas les bienvenus : les Kanaks ou les Marquisiens ont le droit de dire « Maintenant ça suffit, on ne veut pas voir plus de blancs ici ». Je l'ai vécu. Ce faisant, ils expriment leur droit du sol, et en France les Français de souche ont le droit d'exprimer ce droit du sol pareillement. *Le droit du sol vaut partout pour tout peuple.* Chacun, dans son pays, peut tolérer quelques étrangers, mais pas trop. L'Amérique du Nord est une exception, mais à quel prix (je doute que les Indiens apprécient d'avoir été presque exterminés puis parqués) ?

Personnellement, je ne souhaite pas que la France devienne un pays multiculturel de la même façon que les États-Unis. Donc je suis en désaccord avec NONORAC, car je suppose que c'est cela son but : les militants de NONORAC n'aiment pas nos ancêtres, donc ils souhaitent la fin de la culture française au profit d'un multiculturalisme sans frontière, donc ils

---

7   Attitude de France Culture le matin même de l'attentat islamiste contre Charlie Hebdo. La journaliste reprochait à Michel Houellebecq, par son livre *Soumission*, d'encourager les actes terroristes ! In Michel ONFRAY, *Penser l'Islam*, Grasset, mars 2016. Preuve s'il en est que même les journalistes de la radio nationale ne sont pas au courant de la réalité.

souhaitent l'accueil illimité des clandestins, donc ils souhaitent la fin de la nation française (en reprenant les mots de Mitterrand : « la Nation, c'est la guerre »). Bien sûr, les militants ne peuvent pas proclamer cela à voix haute, car la constitution interdit les mouvements de déconstruction de la nation. Interdiction que le bon peuple de France, endormi par le discours bisounours de l'UMPS, a hélas oublié. Il me semble, comme les politiciens, que NONORAC entretient et surfe sur la vague de désintérêt des Français pour la politique. Un débat public sur l'immigration aurait le mérite de clarifier les positions et d'exposer ceux qui, sous couvert de promotion de l'intérêt général, sont en fait soit anarchistes, soit idéologues obtus (visant un monde sans frontière, où tous les Hommes seraient égaux). Sartre écrivait que le mensonge et le silence sont les ennemis du dialogue. Effectivement, comme il n'y a pas de débat public, les positions anarchiques et libérales (toutes deux se retrouvant dans la maxime « il est interdit d'interdire ») s'imposent tacitement dans les médias, sous l'aile protectrice de la gauche. Le refus du débat a amené les questions relatives au racisme dans le domaine de la morale, domaine subjectif s'il en est, et donc impropre à enfanter des lois. En gros, selon la gauche, les racistes seraient des gens sans morale en plus d'être idiots, des gens donc avec qui on ne parle pas. Dans les médias, bien des journalistes oublient leur devoir d'objectivité et insinuent qu'untel ou untel est raciste, donc antisémite, donc nazi, donc bourreau pervers, comme l'a démontré Michel Onfray. Le recours à la morale exempte de se justifier ; la morale c'est la distinction autoritaire entre le bien et le mal, entre l'admissible et l'inadmissible. Alors que dans la situation actuelle il faut expliquer, il faut considérer les causes et les effets, il faut non pas de l'autorité mais de l'expérimentation, par laquelle il faut parvenir à ouvrir l'horizon des possibles. La morale, par définition, est

un champ fermé. Avec la morale, on n'a que deux issues :
comme aux États-Unis ou bien la chienlit actuelle.

Et puis, il y a le cas de l'islam. Religion facilement pervertie comme on le sait : les sectes islamiques sont implantées en
France et envoient des jeunes faire la guerre sainte avec l'état
islamique. Aujourd'hui, d'un point de vue législatif et technique, les forces de l'ordre ne peuvent pas maîtriser ces sectes
(tout au plus peuvent-elles les surveiller, mais sans pouvoir
agir). La mosquée de Lunel dans l'Hérault en est un triste
exemple : vingt jeunes pratiquants sont partis se battre en
Syrie pour l'état islamique. Certains disent que les attentats
terroristes n'ont rien à voir avec la pratique de l'islam et plus
généralement d'une religion ; les terroristes clament tout le
contraire. Ce débat sur fait religieux ou pas, ne débouche sur
rien.

6 CRITIQUER L'ISLAM N'IMPLIQUE PAS D'ÊTRE RACISTE

Je suis contre la création d'une mosquée à Saint-Lô, car
cela implique un imam dont le discours ne peut pas être
contrôlé. Les migrants, déboussolés psychologiquement après
la guerre, la clandestinité, la perte des liens familiaux et
culturels, sont des proies faciles pour les imams sectaires. On
sait aussi les revendications des islamistes pour vivre leur particularité dans l'espace public : pas de médecin femme pour
les hommes, horaires de piscine pour les femmes, égorgement
manuel des animaux dans les abattoirs recevant des fonds
publics, boucheries qui doivent retirer de leurs vitrines la
viande de cochon... La difficulté de faire la part des choses
entre un islam compatible avec la démocratie et un islam politique violent, les revendications religieuses qui ne respectent
pas la laïcité, la « journée du voile » : l'islam en France,
aujourd'hui, ne veut pas être pratiqué dans la seule sphère pri-

vée, l'islam veut une place dans l'espace publique. Tariq
Ramadan est la tête de file d'islamistes qui souhaitent que la
France soit incluse dans le territoire sous la main d'Allah. Ils
avancent des arguments qui font jouer les droits d'expression
et les droits à la différence culturelle contre la laïcité, par
exemple qu'il ne saurait être interdit aux musulmans de vouloir faire de la France un pays musulman, de tenir des discours en ce sens. Nous voilà donc revenus au XVIIIᵉ siècle,
nous revoilà avec une religion qui veut prendre pied dans l'espace public, pour pouvoir dire un jour « tu ne devrais pas
faire ceci ou cela, tu devrais étudier ceci ou cela ». Cette
situation est dangereuse. Le peuple, les élus et les autorités
doivent être fermes : un islam peut exister en France *à condition* qu'il se plie à notre culture laïque, philosophique et
scientifique, à condition qu'il demeure dans la sphère privée,
à condition qu'il soit, comme les autres religions, discret. Les
nombreuses constructions de mosquée, les nombreuses associations de lutte contre l'islamophobie, la journée du voile à
Sciences Po, la banalisation dans le parler quotidien des mots
arabes, les revendications de pouvoir exercer les pratiques
religieuses sur le lieu de travail : on peut voir dans ces faits
une stratégie moderne de missionnaire, de conquête sans
guerre d'une culture par une autre, comme on peut décider
que cela n'est pas gênant et que cet objectif est inexistant.

En France comme Allemagne, nous n'avons plus l'habitude
d'être confronté à un tel doute. Face à la philosophie et aux
sciences naturelles, nous sommes au contraire habitués à ce
que la religion et la spiritualité ne tiennent plus un discours de
vérité e n'aient plus de prétentions politiques. Nous sommes
habitués à la discrétion des religions, c'est-à-dire que nous ne
sommes plus habitués à une volonté active de convertir. Je
pense que nous avons même du mal à reconnaître le discours
religieux qui missionne, qui veut convertir. Ce genre de discours de la part du christianisme n'existe plus en France

depuis 1905. Pour en avoir un aperçu, il faut trouver et ouvrir des livres de morale religieuse du XIXe siècle, et imaginer la société d'alors, où dans chaque église, dans chaque conseil municipal, sur chaque place de marché, cette morale était répandue. Remplaçons aujourd'hui tous les discours publicitaires par des discours de morale religieuse, d'incitations à expier et être agréable au très-haut : c'est à cela que ressemblerait une société où des religions offensives auraient libre cours. Cette époque est révolue ; nous ne pouvons pas revenir en arrière.

Aujourd'hui nous ne le disons peut-être plus assez haut et assez fort, mais c'est une évidence philosophique que l'adhésion ou la non-adhésion à une religion est un choix individuel, qui ne saurait être influencé, et qui passe par l'étude de la question « ai-je besoin d'une religion ? » Les messages religieux doivent être discrets et modestes, car on a depuis longtemps prouvé que pour une être une personne honnête, avenante, intelligente, sensible, industrieuse, il n'est nul besoin de religion. C'est une différence entre le bouddhisme et l'islam : la première religion est discrète, la seconde s'affiche, la première est en phase avec notre culture actuelle (culture qui est le résultat d'une certaine histoire), la seconde revendique ses particularités culturelles comme une alternative à la culture française « de souche ».

Aux États-Unis, la place des religions est toute autre. Toutes les religions s'affichent, le président prête serment sur la bible, on peut se faire marier par un prêtre déguisé en Elvis Presley, la scientologie est une religion comme une autre. Mieux vaut presque appartenir à une secte que d'être athée ; car celui qui est athée n'est pas considéré comme une personne finie[8]. Affirmons notre droit, en France, de ne pas

---

8   Jean-Moïse BRAITBERG, *Religiosité, communautarisme, idéologie*, FM Magazine n° 43, octobre-novembre 2015.

devoir rendre compte d'aucune façon à une religion, à un dieu, à un clergé !

Privés de repères après la guerre et l'exil, comment vont se sentir les migrants qui arrivent en France, me demanderez-vous, si on leur interdit de pratiquer leur religion ? Tout simplement, il faut les orienter vers les grands auteurs Français, les grands philosophes. Ils trouveront dans ces écrits des repères moraux, éthiques, intellectuels, esthétiques. Nous demandons bien à nos enfants d'incorporer ces repères ; c'est faire preuve de bienveillance que de demander la même chose aux migrants issus de cultures éloignées de la nôtre.

Je ne sais pas si l'association NONORAC serait prête à un débat public. J'ai lu dans un de ses textes qu'elle a porté plainte contre des particuliers exprimant leur opinion dans la Manche Libre en 2013. Je n'approuve pas cela. Cette action n'est pas un cas isolé d'après ce que je peux lire dans divers médias, et cela vaut à NONORAC et aux autres associations similaires le surnom de chiens de garde de la bien-pensance ! Aujourd'hui plus personne n'ose s'exprimer sur le sujet, par peur des actions en justice initiées par ces associations. Même Michel Onfray préfère publier son prochain livre (sur l'islam) hors de France[9]. Triste aboutissement pour le pays des Lumières que de renouer avec la censure de la morale.

7 NI CAMPS NI SAINTS, MAIS LA DEVISE NATIONALE

Le Front National recueille désormais l'adhésion d'une majorité de Français. C'est un parti intransigeant sur certains points. Il prospère justement parce que les partis qui se disent de gouvernement ne font pas l'effort de changer, campent sur

---

9 Il publiera *Penser l'Islam* d'abord en Italie puis finalement en France en mars 2016.

leurs positions idéologiques quand dans la réalité la situation ne fait qu'empirer[10]. La psycho-rigidité appelle la psycho-rigidité ; il en résulte que les élus et les intellectuels *nuancés* ne sont plus écoutés ni à gauche ni à droite. Le FN monte parce de tous bords il y a une montée généralisée des idéologies en politique. Une idéologie en vaut une autre, toute idéologie se réclamant de LA vérité. Et pendant que les politiciens débattent, commissionnent, auditionnent, « réunionnent », assemblent, au jour le jour les Français s'embourbent dans le nihilisme et le relativisme, faute d'un idéal de société pour qui leur donne confiance en l'avenir. *Moi je suis pour l'ordre, de cet ordre paradoxal qui en prenant pour fondation la devise nationale, en en faisant ce qui permet de départager entre droits et devoirs, entre libertés et interdictions, permet à tout un chacun de s'épanouir.* Devise nationale oubliée par la gauche comme par la droite, au niveau de l'État comme au niveau des communes et autres collectivités bien trop nombreuses. Je crois que charité bien ordonnée commence par soi-même, donc maintenant, avec les problèmes économiques que nous avons, l'heure n'est pas propice pour accueillir des migrants. Et apparemment ils comprennent cela, la France n'est pas un pays qu'ils ciblent en priorité. Tant mieux : nous avons déjà tellement à faire avec une législation économique si injuste qu'elle ne laisse aucune marge de manœuvre pour sortir de la crise, pour créer six millions d'emplois, pour protéger l'environnement. On ne va pas aider ceux qui sont dans le besoin, quand soi-même on est nécessiteux. On ne fait pas une Europe quand soi-même on n'arrive ni à faire une législa-

---

10 Par exemple, les causes du Brexit n'ont pas été comprises par l'UMPS, et le communiqué d'un certain philosophe, qui avait soutenu l'intervention militaire au moyen-orient lors des printemps arabes, est le symbole de cet aveuglement : le communiqué expliquait que souhaiter une autre Europe, une Europe qui ne soit pas une homogénéisation des nations et des cultures, c'était être raciste, tout simplement. Quand on est aveugle et qu'on a la pensée courte... Ce communiqué confirme ma thèse expliquant la bien-pensance, cf. plus loin le texte en question.

tion claire, ni à tenir le budget national. Accueillir trop de migrants dans l'Europe actuelle de bras cassés, c'est jouer avec le feu.

8 LES RÉFUGIÉS DE GUERRE NE SONT PAS UNE FATALITÉ

Les migrants qui affluent des zones de guerre au Moyen-orient et s'entassent aux frontières de l'Europe, ou entrent en toute clandestinité et s'agglutinent dans des camps-bidonvilles, tout cela constitue un drame humain. Mais comment dénouer ce drame des migrants, comment dénouer les causes qui aboutissent aux camps de Calais et de la grande Scynthe par exemple ? Je vois bien que les clandestins sont pris en tenaille, amenés par des passeurs albanais devant une frontière d'un pays qui n'en veut pas (la Grande-Bretagne) et dans un pays où ils ne veulent pas rester (la France). Ils sont mus par le désir du mode de vie occidental.

Alors, au lieu que eux viennent à nous, portons à eux le mode de vie occidental ! Tout simplement, je pense qu'il faut un débarquement militaire en Libye et en Syrie, je pense qu'il faut envoyer des troupes internationales pour créer un nouveau pays. Il faut y instituer – sans aucune élection démocratique préalable – un gouvernement non corruptible, une justice non corruptible, une législation économique neutre, la laïcité et vous verrez que toutes les personnes qui fuient l'état islamique, ou qui fuient la misère et la corruption de leur pays natal, voudront vivre dans ce nouveau pays sans corruption et à la législation claire. Pour ce nouveau pays, il faut créer des frontières défendues par une armée internationale, frontières qui seront étendues au fur et à mesure que la population entrant dans ce nouveau pays grossira. Les américains ont tenté cela en Irak, en Afghanistan. Cela a échoué, car ce sont de trop grands pays ; l'autorité était trop étalée donc trop affaiblie. Il faut démarrer par créer par un point, par une enclave autour d'un port, puis l'étendre progressivement, uniquement quand les acquis sont consolidés. L'extension doit se faire militairement. Pouvons-nous rester là à observer les flux de migrants et les attentats djihadistes ? Il faut agir ! Il faut admettre que la défense inconditionnelle des libertés a aussi permis aux terroristes de faire les massacres que l'on sait. Contre l'offensive de l'état islamique, il faut provoquer le changement. La meilleure défense, c'est l'attaque, l'attaque démocratique en fondant un nouveau pays où régneront les droits de l'Homme. On ne peut pas accepter en Europe tous les réfugiés du monde ; mais l'esprit de notre culture, nous pouvons le leur amener.

Prendre les armes pour créer ex-nihilo un pays humaniste ? Bien sur, c'est ainsi que cela s'est toujours passé. L'humanisme n'émerge face aux tyrans, face aux royautés, face aux théocraties, qu'à la force du poing et du sang, pas par la logique et par les douces paroles. D'où notre hymne national, belliqueux et sanguinaire : c'est un rappel du commencement. Une fois qu'un espace humaniste est délimité, à l'intérieur de celui-ci la démocratie peut être exercée. Mais la démocratie n'émerge pas d'une dictature ou d'une royauté ou de l'anarchie : il faut la force pour établir une démocratie.

9 LE RETOUR DE LA DÉNONCIATION ?

Voilà mon opinion et mes arguments sur l'anti-racisme. NONORAC va-t-il porter plainte contre moi ? Vais-je être dénoncé ? Il faut savoir que NONORAC et les autres associations similaires invitent à « signaler » toute parole possiblement raciste, toute parole possiblement discriminatoire, afin de contraindre les mal-pensants devant les tribunaux. Car, cher lecteur, sais-tu qu'en France il est interdit de critiquer les différences culturelles, religieuses et d'orientation sexuelle ?

Les lois Pleven de 1972 et Gayssot de 1990 posent le cadre dans lequel il est permis de s'exprimer à propos de ces thèmes. La quintessence de ces lois est celle-ci : il ne faut pas dire qu'une personne a un comportement répréhensible parce qu'elle fait partie de tel ou tel groupe religieux, ethnique, national, sexuel. C'est de la discrimination, le péché capital selon la gauche. Mais voila, ces lois, implicitement, sous-entendre que ces personnes ne sont pas responsables de leur appartenance au dit groupe. Ce qui est logique pour certains groupes (transsexuels génétiques, hermaphrodites), mais non pour d'autres (orientation sexuelle, religion). Par exemple, dire que les noirs rigolent tout le temps ou qu'ils sentent mauvais (ce genre d'affirmation), est-ce de la discrimination ? N'est-ce pas plutôt simplement de la bêtise ? C'est d'abord de la bêtise, avant d'être du racisme ou quelque autre forme de discrimination. C'est une évidence que dans tous les groupes on trouve toujours des gens joyeux et des gens tristes, des gens propres et des gens sales, des gens intelligents et des gens stupides. On sait bien que les généralisations sont souvent abusives et subjectives. L'éducation peut éradiquer la bêtise, pas la xénophobie. On peut parler, dans l'abstrait, du groupe des blancs, des noirs, des asiatiques, mais concrètement il existe une telle diversité de comportements à l'intérieur de ces groupes qu'on ne peut pas les considérer comme des unités. À l'intérieur de ces groupes il n'y a pas de norme.

Il est donc futile, inutile, de critiquer quelqu'un parce qu'il a telle ou telle couleur de peau, telle ou telle taille, telle ou telle pilosité. C'est comme ça, c'est un donné de la Nature, on ne peut rien y changer. La critique est inutile, donc celui qui critique est idiot. De même critiquer une personne parce qu'elle est née ici ou là, dans ce pays-ci ou dans ce pays-là, est futile. On ne choisit pas son pays de naissance. Ni sa famille ni sa culture d'origine.

Par contre, critiquer l'appartenance volontaire à un groupe est plus sensé. On choisit d'appartenir à tel groupe et pas à tel autre. On est initié dans telle obédience ou dans telle obédience ; le choix de l'obédience peut toujours être soumis à la question. On choisit telle association sportive plutôt que telle autre : là aussi, rien ne va de soi, il y a toujours des faits dont on prend conscience – ou pas – avant de demander à rentrer dans un groupe. On rentre dans un groupe parce qu'on souhaite côtoyer certaines personnes plutôt que d'autres. C'est tout à fait humain comme comportement : on se regroupe, « qui se ressemble s'assemble ». *Homo sapiens* est une espèce grégaire : comportement instinctif de regroupement en présence d'un danger et soumission automatique à l'individu qui démontre la plus ferme autorité. D'où de riches débats sur le pourquoi des différentes pratiques, sur le pourquoi des différentes doctrines, débats amicaux, débats intellectuels, ou débats qui tournent au combat. Je ne dis pas hélas, car c'est cela aussi la nature humaine. Il n'existera jamais une société totalement apaisée. Conflits entre individus et sens de la hiérarchie mènent aux conflits entre les groupes. Amour entre les individus et conflits de groupes mène à l'établissement de nouvelles hiérarchies, cf. Roméo et Juliette. c'est comme vouloir interdire les bagarres dans les cours de récréation : il y en aura toujours. Tant qu'il n'y en a pas trop, tout va bien !

Donc les homos seront toujours cibles de critiques, les cathos, les musulmans, les franc-maçons, les athlètes, les cyclistes, parce qu'ils sont ce qu'ils sont. Il faut penser sur le long terme des civilisations pour (re)trouver la nature humaine, puis revenir au temps présent avec la tête froide pour ne pas monter en épingle les petites phrases cyniques, péremptoires, hautaines ou basses que les groupes s'échangent.

La quintessence de ces lois Pleven et Gayssot est donc discutable ; elle est en plus pervertie par les associations telles que NONORAC. En effet, ces associations ont tiré de ces lois l'idée que toutes les cultures sont égales et donc que le « village global » est possible. Or les incompatibilités entre cultures existent, c'est un fait. Incompatibilités qui sont réduites ou accrues en fonction de l'ouverture d'esprit des individus de chaque bord. Passons le Rhin et voyons les défilés traditionnels en uniforme : là-bas c'est chose commune, ici les uniformes sont honnis. Ici les Français refusent de déblayer le trottoir devant leur maison quand il neige ; les Allemands sont consternés face à cet égoïsme primaire. Voyez avec ces deux exemples qu'un Français en Allemagne ne peut pas se comporter comme en France, sinon il sera mal vu, et inversement. Nier les différences culturelles, c'est mépriser l'histoire des pays ou des communautés en question. C'est faire preuve d'une utopie péremptoire.

Je crois que beaucoup de personnes qui militent à NONORAC et dans les autres associations équivalentes veulent pouvoir voyager ou vivre de par le monde sans aucune restriction. Aller en vacances ici ou là-bas, sans entrave. Mais n'est-ce pas une prolongation de la pensée colonialiste du « blanc qui veut se sentir partout chez lui ? » N'est-ce pas en fait une forme de néo-colonialisme ? Preuve s'il en est : c'est un fait que le tourisme de masse n'a cure des cultures locales. Le vacancier standard Français veut juste du soleil dans un hôtel avec piscine, le tout aussi peu cher que possible.

Ce qui est pitoyable, c'est qu'en évoquant ces sujets « sociétaux », la majorité des gens tombe dans les vieux discours : anarchistes de gauche versus fascistes. No border versus xénophobe. Curieusement, les plus violents ne sont plus ceux de droite, mais de gauche, les no-border et les ZADistes. Tout épris qu'ils sont de liberté – et les neurones enfumés au cannabis – ils veulent imposer à tous la liberté, même par la force ! Le parti socialiste est partagé entre les bobos qui sont déconnectés de la réalité, à Paris et dans les autres grandes villes, et les anarchistes (le parti écologique est pareillement divisé). La politique française n'est pas subtile, on fait bien mieux en Angleterre ou en Allemagne. On ne campe pas sur ses positions, on cherche la troisième voie. Le philosophe Michel Onfray n'arrive pas à trouver un parti politique inspiré des Lumières, un parti de la raison et du long terme : n'est-ce pas un signe inquiétant ?

Pour conclure cette réflexion sur l'anti-racisme, je crois que ce genre de réflexion à propos de ce qui est raciste et de ce qui ne l'est pas, de ce qui est discriminatoire et de ce qui ne l'est pas, sera bientôt futile. L'Europe est en train de s'écrouler – ce qui est inévitable quand on n'est même pas fichu de créer une douane commune ou des cotisations sociales identiques dans tous les pays par exemple – et toutes nos épargnes peuvent se volatiliser, les banques les emportant dans les paradis fiscaux ! Nous aurons bien d'autres choses à penser. Le FMI viendra pour sauver la France. Vous en doutez ? Quand j'entends que 17 millions de téléspectateurs ont assistés à la nouvelle édition de l'émission de télé-réalité *The Voice*, je comprends que ce sont 17 millions de personnes qui peuvent avoir du mal à comprendre que seule la trinité liberté – responsabilité – autorité nous sortira de ce mauvais pas. Il faut une autre Europe, ou pas d'Europe. On a le futur qu'on mérite, il n'y a aucun hasard. Pour reprendre Michel Onfray, qui lui-même cite le coran : « peu nombreux sont ceux qui réfléchissent »[11]. Comme je l'expliquais auparavant, la logique ne gouverne pas le monde. Les anti-racistes sont tout autant utopistes (pour ne pas dire idiots) que les racistes ; ce n'est pas de leurs rangs qu'émergeront des solutions pour aujourd'hui et pour demain.

---

11 In *Penser l'Islam*, Grasset, mars 2016

L'ISLAM

Part d'émotivité du texte : +
Part de logique : +++

1 PRÉAMBULE

Sous quelle signe placer les réflexions relatives à la place de la religion dans la société ? Quels points de repère utiliser ? Une réflexion de qualité doit avoir pour première caractéristique l'objectivité, donc elle doit utiliser des perspectives et des points de repère où nul sentiment ne vient biaiser, troubler, décaler la logique des raisonnements. Se placer sous le signe de la science semble alors être la solution : la science nous donne des informations à la fois sur le fonctionnement de notre cerveau, où naît le sentiment mystique préalable à toute religion, et sur le fonctionnement de notre société en tant que stratégie d'évolution de notre espèce à travers les âges.

J'ai écrit de nombreuses lignes à propos de la religion vue dans la perspective scientifique[12], et j'ai délaissé depuis quelques années cette direction de réflexion, faute de lectorat.

On peut aussi aborder objectivement la place de la religion dans la société avec une perspective philosophique ou sociologique, mais je ne veux pas me lancer pas dans ces voies-là : je doute que cela intéresse grand monde hormis un groupe très restreint d' « intellectuels ». On pressent que les résultats de telles études universitaires, qui existent déjà en très grand nombre, sont pompeux, prétentieux, ennuyants, bourrés de références innombrables à des auteurs antiques tout aussi innombrables qu'inconnus. La quantité et la précision ne sont jamais les garanties de la qualité. À quelle vérité peuvent prétendre ces réflexions ? Plus encore, si ce n'est de vérité, quelle utilité ces réflexions peuvent-elles avoir dans la vie quotidienne ? Car avec les récents attentats terroristes, les médias (radio, TV, internet) sont saturés de ces réflexions où uniquement les aspects abstraits des religions sont envisagés. Par exemple, la conférence Les voix de la paix en mars 2016 à Paris (lesvoixdelapaix.fr), où représentants des religions et de

---

12 En 2004 j'ai écrit mon mémoire de DEA sur les rencontres entre bouddhistes et scientifiques et sur les projets de recherche en neurosciences qui en sont issus, à l'université Louis Pasteur. En 2009 j'ai fait une étude personnelle sur les conditions nécessaires à l'intégration de ces rencontres originales dans notre culture occidentale. Car le moins qu'on puisse dire, c'est que notre culture occidentale repose sur la science, science qui exclut tout recours à des arrière-monde, à des finalités, à toute forme de religiosité. L'articulation entre science et religion, dans le cadre de projets de recherches conçus en commun par les moines et les scientifiques, est possible. Mais c'est un travail que nombre de scientifiques ne prennent pas au sérieux, à cause des tentatives pseudo-religieuses, avérées, de pervertir la science (créationnisme, « intelligent design », principe anthropique, scientologie …) Il est difficile d'aller au-delà de ces précautions nécessaires et des généralisations. Par la suite, ces études ne m'ont jamais servi dans aucun travail. Toutefois, leur grande valeur résidait dans ceci : l'initiation à la pratique de la pensée équilibriste et à la recherche de la troisième voie. Un thème de recherche conventionnel, consensuel, ne m'aurait pas permis cela.

l'État « dialoguent » pour montrer que religion et philosophie sont des voies d'épanouissement. Je crains que cette conférence ne soit déconnectée des préoccupations et des faits du quotidien, et je suis prêt à parier que l'on n'y parle que de choses convenues d'avance, pour ne fâcher personne, pour ne pas faire de discrimination ni d'amalgame. Je crains que cette conférence ne serve avant tout à « éduquer le peuple de France » en lui transmettant une façon de voir le monde et de penser qui doit éviter que ne se reproduisent les attentats terroristes de 2015. Sous-entendu que le peuple est par nature idiot et incapable d'apprendre par lui-même – ou comment les lumières « d'en haut » s'auto-justifient. Je crains enfin le plus grave pour ce genre de conférences qui s'affiche comme un sommet de l'intelligence, c'est-à-dire qu'aucune idée nouvelle, qu'aucun fait nouveau, ne soient émis. Or ce sont justement des constats lucides et des idées nouvelles dont nous avons immédiatement besoin pour commencer à enrayer la machine terroriste qui s'est installée durablement dans notre société.

2 L'ISLAM EN QUESTION

Vous aurez compris que dans le présent texte, je veux donc m'éloigner des grandes analyses théoriques à partir de la science ou de la philosophie, ainsi que des grandes paroles et des morales bien-pensantes. Je veux coller à la réalité et, à partir d'elle, imaginer l'avenir.

La réalité actuelle a, entre autre, cet aspect : le Front National est devenu le premier parti de France. En face de lui un « front républicain », s'étendant des trotskistes aux libéraux, s'indigne et dénonce notamment son racisme. Le front républicain invective les Français qui osent marquer une différence entre Français de souche et musulmans, qui osent seulement insinuer que les immigrés clandestins n'ont pas les même droits que les citoyens. Les républicains et les socialistes hurlent que tous les hommes sont égaux et que les religions aujourd'hui ne sont plus des inspirations pour la barbarie mais pour l'amour et la confiance. Ils hurlent que la France a toujours été et doit encore plus être multiculturelle. Et vous aurez aussi compris que si j'écris ce texte, c'est pour exprimer mon désaccord face à ces hurlements, qualifiés par ailleurs, avec les associations qui militent contre les frontières, contre le racisme, contre la « discrimination » pour l'accueil de tous les clandestins, de « bien-pensance ». À celui qui cherche une analyse philosophique accessible et pertinente, je recommande ... Nietzsche, *Antéchrist*, 30.

Mes précédents textes peuvent être mal compris, peuvent laisser penser que je suis un « méchant raciste » car je fais des distinctions entre les individus selon leur origine, selon leur culture, selon leur religion. Me faire ce procès implique d'être cohérent : à quoi bon parler alors de pays, de culture, de religions différentes si l'on nie les différences ? Effaçons donc ces mots de notre vocabulaire, ainsi nous serons tous égaux ! Il est certain que si vous êtes un-e habitué-e des journaux télévisés, de la presse locale, de Twitter et d'Instagram, et ne lisez que des romans, mes phrases doivent vous sembler longues et mon raisonnement ardu. Pour votre information, sachez que je ne lis pas beaucoup d'essais (des livres contenant uniquement des réflexions), entre dix et vingt par an seulement. Mais cela suffit à comprendre combien tout ce qu'on peut lire ou entendre dans les grands médias n'est que l'écume des choses, n'est que le micro-évènement coupé, isolé, dissocié de l'histoire humaine à l'échelle du siècle et des grands âges. On évalue ce qui se passe aujourd'hui en se référant à ce qui se passait hier, sans voir que cela se passait déjà avant-hier et il y douze siècles. *On ne voit pas l'éternel recommencement.* Pour la faire courte : les grands médias

n'ont pas de recul. Ce n'est certainement pas faute de vouloir,
c'est que si l'on prend du recul, on ne discerne plus les publi-
cités !

J'en viens maintenant, en toute franchise, à ce qui me gêne
dans la culture islamique. Oui, il y a des choses qui me
gênent, que je veux vous présenter en toute clarté. Dois-je
avoir honte de ne pas apprécier en totalité la religion islamique ? Faudrait-il qu'on me force à adhérer sans retenue à
cette religion ? Les dévots bien-pensants pourraient bien m'y
inviter.

C'est que vous ne connaissez pas cette religion, me dira-t-
on. En effet, je ne connais aucun musulman, mais ce que
j'écris, je pourrais le dire à un musulman, posément, car je me
base sur des faits qui *résultent* de la pratique de l'islam.

Voici tout d'abord ce que, personnellement, je peux voir de
l'islam. L'islam est une religion mais aussi une culture. Pour
le musulman il ne s'agit pas que de prier Dieu, il s'agit de se
comporter, dans tous les actes de la vie quotidienne, d'une
façon qui plaise à Dieu. En France, le christianisme n'est plus
une culture depuis la loi de séparation de l'Église et de l'État
en 1905 : aujourd'hui pour les chrétiens il y a un temps pour
prier Dieu et un temps pour organiser les choses de la vie courante dans un souci de rationalité et non dans un souci d'har-
monie avec le divin. Et aujourd'hui les musulmans en France
revendiquent et jouissent de certains droits qui, selon moi,
sont à contre-courant de l'évolution de la place des religions
en France. Que font les musulmans (pas tous, certes) ? Place
aux faits. Mais vous pouvez toujours fermer les yeux, c'est
une possibilité.

1. Égorgement selon un rituel religieux des animaux destinés
   à la consommation humaine (viande « halal ») ;

2. Dans les piscines création d'horaires réservés aux femmes, afin que les femmes musulmanes puissent se baigner sans être vues par les hommes (musulmans et non-musulmans) ;

3. Dans l'espace public port du voile afin que les femmes musulmanes ne montrent pas leurs cheveux aux hommes (musulmans et non-musulmans).

4. Dans l'espace public détournement du regard et mutisme des hommes musulmans envers les femmes (musulmanes et non-musulmanes).

Tout d'abord, je précise que je sais que tous les musulmans n'accomplissent pas ces actions. Mais ce n'est pas parce que l'on ne peut pas généraliser un cas particulier que le cas en question n'existe pas. Distinguez-vous bien cette logique ? C'est important. Pour l'illustrer, on peut dire que ce n'est pas parce qu'il y a seulement quelques espèces de coccinelles jaunes et que la majorité sont rouges que l'existence de coccinelles jaunes est une affirmation erronée. C'est une évidence. Or qu'entend-on dans certains discours de la « bien-pensance » ? On entend cette saine logique fourvoyée, ce qui n'est rien d'autre qu'une stratégie de propagande, de manipulation mentale. Ainsi, dans les médias, de nombreux invités vous expliquent que le terrorisme islamique ne peut pas se prévaloir légitimement de l'islam, car l'islam est une religion de paix et d'amour. Les musulmans sont des gens de bonté. Donc ce terrorisme n'est pas un terrorisme religieux, mais uniquement l'œuvre de fous. Ce discours est du sophisme, ce discours est de la malhonnêteté intellectuelle : pourquoi ne pas admettre que les terroristes tuent au nom de Dieu, tout comme au Moyen Âge les chrétiens inquisiteurs torturaient et tuaient au nom de Dieu ? Quand aujourd'hui un musulman en France tient un tel discours sophiste, soit il est fourbe et tente de dissimuler des volontés de meurtre bel et bien présentes dans les prêches des imams, soit il est intellectuellement et émotionnellement *inférieur* à la culture française. Hou le vilain mot ! Mais oui : inférieur, car notre culture actuelle contient en son cœur la reconnaissance par les chrétiens actuels des comportements immoraux qui furent pratiqués au Moyen Âge au nom de Dieu. Tous les chrétiens d'aujourd'hui reconnaissent comme telle, sans l'ombre d'un doute, l'idéologie barbare qu'était l'inquisition. C'est un fait : le message de paix du Christ a mené à la torture, au meurtre et à la jouissance du bourreau. Les musulmans qui se voilent la face (sans mauvais jeu de mot) et nient volontairement ou non que Daesh est une secte religieuse ne veulent pas ou n'ont pas compris notre culture. Ils ne comprennent pas que les religions sont incitées à reconnaître leurs travers. S'ils veulent continuer à vivre en France et en paix avec les Français de souche, ils doivent immédiatement commencer un travail intellectuel et psychologique d'acceptation qu'un texte n'est jamais qu'un texte et qu'il peut justifier le meilleur comme le pire. En ce sens, l'Islam n'est pas « meilleur » que le christianisme ou le bouddhisme. Pour tout français moderne, l'existence des fanatismes et des guerres de religion est un fait indiscutable, et celui qui refuse d'accepter cela est dans une forme de négationnisme. En faisant ce travail d'acceptation et de séparation du bon grain de l'ivraie, l'islam pourra se hisser à la hauteur de la culture française moderne. Sinon, il lui demeurera inférieur, et cela posera des problèmes (pensons aux autres communautés qui n'envoient pas leurs enfants à l'école...) Bien sûr, un tel travail ne saurait rester au seul niveau des mots et des effets d'annonce.

3 L'ÉGORGEMENT RITUEL ISLAMIQUE

Et je reviens justement sur le plan concret, avec l'égorgement rituel islamique (des bêtes, pas des hommes). En quoi cet égorgement, qui est pratiqué dans la majorité des abattoirs en France, est-il incompatible avec notre culture française ? La réponse est simple. Depuis les années 1950, notre société a progressivement pris conscience de la nécessité de ne pas faire souffrir les animaux d'élevage (je donne cette date parce qu'elle correspond à peu près à l'apparition des premiers élevages industriels hors-sol), de la nécessité de les faire croître dans un environnement confortable et non stressant, et de les abattre sans leur faire mal et sans les faire passer avant l'acte par une phase de panique. Cela ne fut pas facile à faire admettre à nombre d'éleveurs et d'abattoirs, aussi des lois durent-elles être prises pour faire respecter l'hygiène et la dignité de l'animal. C'est une évolution culturelle qu'aujourd'hui chaque Français juge fondée et juste : l'animal nous nourrit en nous donnant sa vie, en retour nous luis garantissons une vie sans souffrance.

L'égorgement religieux musulman va à l'encontre de cette évolution : l'animal est égorgé dans des rugissements de douleur et de panique. Pour ma part, je ne vois pas d'intelligence dans cet acte (il y a là de facto une différence culturelle forte) : même si l'on croit en l'existence d'un Dieu ou d'un grand architecte de l'univers, j'imagine difficilement comment cet être infiniment puissant pourrait se réjouir de la façon dont meurt un animal. Un musulman égorgeur pourrait me dire : « mais j'ai le droit de pratiquer ma religion, car c'est inscrit dans la constitution, tu n'as pas le droit de me traiter d'idiot et de vouloir m'interdire ma pratique ». De telles paroles, qui ont en soi une certaine logique, démontrent que l'histoire de notre culture n'est pas comprise. Ou bien son auteur joue à l'innocent, et cela n'est pas excusable.

J'ouvre une parenthèse. En écrivant ces lignes, je ne suis pas raciste : je mets simplement en lumière la différence culturelle. L'islam des égorgeurs d'animaux ne respecte pas notre culture, car il annihile les efforts législatifs auxquels nous avons tous consenti suite à plusieurs décennies de

débats. C'est aussi en ce sens que j'ai utilisé l'adjectif « inférieur » : le musulman égorgeur nous est inférieur parce qu'il
n'a pas fait l'effort intellectuel et émotionnel que nous avons
fait. Notez bien que l'adjectif inférieur n'est pas péjoratif, il a
seulement une vocation descriptive. Il serait péjoratif si je
visais des caractéristiques physiques (corporelles), caractéristiques pour lesquelles aucune personne n'est responsable (la
Nature nous donne un corps à la naissance et bien évidemment
nous ne sommes en rien responsables des caractéristiques de
ce corps). Le racisme à base corporelle est une bêtise, je le
répète. Devrais-je utiliser plutôt le coupe plus avancé / moins
avancé ? C'est ce *genre* de comparaison qui pose problème,
me direz-vous. C'est ce genre de comparaison qui est honteuse, que ne devrait plus avoir le droit de faire. J'imagine
votre indignation. Je vais y revenir. Au contraire, les caractéristiques intellectuelles et émotionnelles sont de la responsabilité de chaque individu. Chacun sait qu'il peut les développer s'il le veut vraiment. Intelligence et gestion des émotions
peuvent être évaluées en termes d'inférieures et de supérieures, c'est chose commune et sans aucun lien avec la biologie du cerveau. Pour illustrer, le Dalaï-lama m'est supérieur
en ce sens qu'il gère et exprime ses émotions mieux que moi,
et parce qu'il a des pensées plus diverses et qu'il les exprime
mieux que moi. Je là suis dans le registre factuel, descriptif.
Cet adjectif de positionnement est nécessaire ; vous pouvez
remplacer cet adjectif par un autre adjectif de positionnement
si vous le souhaitez, mais dire seulement qu'il existe une différence culturelle, et décider de s'arrêter là, n'est pas sérieux.
À quoi bon la philosophie sinon ? Ce qu'il y a de polémique,
c'est la *trajectoire évolutive des cultures*. La France a une trajectoire d'évolution matérialiste. La culture islamique peut-
elle, veut-elle, entamer cette trajectoire matérialiste ? Vous
me disiez qu'on ne peut pas comparer sommairement, en inférieur / supérieur, les deux cultures, qu'on n'a pas le droit d'af-

firmer que l'une est supérieure à l'autre. Que c'est un jugement que nul n'a le droit de faire, car on sait où ça mène de
juger un peuple, ou une culture, inférieure (guerres, géno-
cides). Eh bien, je ne m'excuse pas de faire cette comparaison, certes grossière, brute, peu subtile. Car effectivement on
peut s'abstenir de comparer, parce qu'on pense que comparer
c'est la guerre, qu'il y a le droit à la différence, que chacun
est libre. Mais, d'une part, s'abstenir c'est fermer les yeux sur
les aspects sombres de chaque culture, dont les conséquences
sont bien réelles. Cette attitude n'est pas réaliste. Vous êtes
un « bisounours », un doux rêveur qui pense que tout est beau
et bien sur Terre. D'autre part, si l'on refuse de comparer, une
autre question se pose, angoissante : dans une nation, des personnes qui se réclament de cultures dont les trajectoires
d'évolution sont divergentes, peuvent-elles seulement cohabiter ? On tombe sur un os : la théocratie musulmane est incompatible avec la démocratie laïque. Remettez en cause cet os, et
vous déconstruisez l'unité nationale. Certains souhaitent
effectivement la fin des nations et rêvent d'une Europe multiculturelle toute mélangée. Encore un doux rêve. C'est pourquoi je tiens à ma comparaison : elle est basique, peu subtile,
mais elle est ancrée dans le concret. Elle ce qu'on a, maintenant. Et on ne peut avancer qu'en partant de ce qu'on a : une
forte différence culturelle. Fermons la parenthèse.

Par rapport à la culture islamique, il y a dans la culture
française quelque chose de plus, quelque chose qui n'est pas
dans l'islam. L'islam de l'égorgeur n'est pas acceptable en
France. Par ailleurs, cet abattage entraîne une contamination
de la viande par les bactéries du tube digestif de l'animal.
L'hygiène est aussi au cœur de notre culture française
moderne, et rien que pour ce non-respect des règles d'hygiène, l'égorgement rituel islamique doit être interdit. La
souffrance animale, le risque de contamination de la viande,

sont des faits, et ces faits ne sont pas en accord avec la direction dans laquelle nous faisons évoluer notre culture hygiéniste depuis Louis Pasteur.

Les conditions pour qu'un abattage islamique soit compatible avec notre culture est que cette pratique respecte la non-souffrance de l'animal et l'absence de risque sanitaires. Ainsi il y aurait mise à niveau culturelle de l'islam (du moins pour cet aspect). Est-ce trop demander ? Est-ce impossible pour l'islam, pour les musulmans d'évoluer ainsi ? N'y a-t-il pas là l'amorce d'une troisième voie, concrète, intéressante, suscitant de la créativité ? En refusant de prime abord tout jugement culturel, en préférant les doux rêves, on se prive de cette voie d'espérance.

Donc, dans les polémiques, attention aux préjugés, surtout aux préjugés se réclamant de la morale. Les décisions et les discours, un temps justifiés par la réalité, sensés, raisonnables, peuvent se muer en discours moralisateurs et idéologiques dans certaines situations. Cette mutation est difficile à identifier et à admettre. Pour y parvenir, il faut au bon moment et au bon endroit être à la fois idéaliste et pragmatique ; il faut vouloir autant la logique des idées que l'efficacité des actions.

4 LE PORT DU VOILE ISLAMIQUE ET LES HORAIRES DE PISCINE RÉSERVÉS AUX FEMMES

Au centre des pratiques islamiques de séparation des sexes se trouve le corps de la femme musulmane. L'homme musulman ne doit pas le voir, afin de ne pas être excité sexuellement et donc de pouvoir se consacrer exclusivement à Dieu durant son travail. Mon interprétation n'est peut-être pas scolastiquement exacte, cependant, c'est ainsi que je comprends l'origine de ces deux pratiques (le port du voile islamique et les horaires de piscine réservés aux femmes) et je crois que je ne suis pas le seul à faire cette interprétation. Là encore, je sais que ce ne sont pas tous les musulmans qui suivent ces préceptes. Là encore, mon argument sera celui de l'incompatibilité avec l'évolution de notre culture occidentale. Depuis les années 1960, années de « libération sexuelle », le corps n'est plus considéré comme devant être caché. Le recouvrement du corps a une origine géographique (il fait froid l'hiver !) mais aussi chrétienne. On sait la honte du corps que prêchaient les prêtres, la peur des joies du corps, le déni du corps pour exulter l'esprit. Les chrétiens actuels reconnaissent de bonne volonté que la morale chrétienne a jadis conduit à des névroses de masse et à des générations de Français qui avaient honte de leur corps. Ils ont bien sûr abandonné cet état d'esprit de pénitence et de mortification corporelle, sous la pression des philosophes des Lumières.

Posons quelques bornes chronologiques. Années 1950 fin des écoles séparées, filles et garçons sont mélangés dans une même classe. Années 1960 mini-jupes et bikini, Brigitte Bardot, la femme montre son corps, et l'homme la respecte, ne lui saute pas dessus comme une bête pour la féconder brutalement. Le viol est reconnu comme délit. Le naturisme se démocratise, des familles entières vivent nues, toutes générations confondues, à la plage et dans des centres de vacance, sans que cela ne crée d'excitation sexuelle (en Allemagne c'est même une pratique antérieure à la seconde guerre mondiale). Bien sûr, avant de pratiquer le naturisme il faut faire sur soi un travail intellectuel et émotionnel si l'on n'est pas issu d'une famille naturiste. Aujourd'hui toutes les femmes peuvent se baigner en monokini, en « string-ficelle », les hommes aussi, bref il n'y a pas de raison de rougir, de s'offusquer, d'avoir honte de son corps. À l'école tous les enfants apprennent en cours de biologie comment est fait le corps humain : aucune partie n'est mineure, aucune partie n'est « honteuse ». Notre culture est objective dans sa compréhension du corps, le soin et la beauté ont remplacé la honte et la mortification. Notons bien cette évolution *double* : montrer le corps tout en le respectant, parce que biologiquement nous sommes tous lotis à la même enseigne (à part quelques personnes exceptionnellement belles ou musclées ou au contraire anatomiquement difformes) et parce que c'est une liberté (une interdiction de le montrer n'a de bases ni biologiques ni divines). Une liberté qui bien sûr s'arrête avant l'obscénité et qui respecte l'étiquette (string convenu à la plage mais pas au bureau !) Un corps nu ou légèrement vêtu n'est ni immoral ni pervers, juste normal. Sinon il faudrait considérer que tous les peuples du Pacifique sont des peuples sexuellement pervers ! Ce que pensaient les missionnaires catholiques il y a encore un siècle. Mais aujourd'hui une telle pensée n'a plus cours ; l'évidence s'est imposé que le corps n'est pas la source du « pêché » ou de la perversité.

L'islam n'a pas connu cette double évolution de libération et de respect du corps, selon moi. Dans l'islam, Dieu aurait édicté des préceptes : hommes et femmes couvrent leur corps, en plus pour les femmes les cheveux également. À l'école, à la mosquée, hommes et femmes sont séparés. Avec des discours plus ou moins subtils, les plus subtils expliquant que c'est pour protéger la préciosité de la femme, les moins subtils expliquant qu'une femme qui montre son corps va passer d'homme en homme. L'islam d'aujourd'hui, qui revendique de cacher les corps et de séparer les sexes, est inférieur à notre culture : il n'a pas fait l'effort de franchir l'étape d'objectivisation du corps. Il est encore dans une dualité corps caché chaste versus corps nu ou légèrement vêtu et excitation sexuelle. De par notre évolution culturelle (et législative), nous sommes un cran au-dessus (ou une étape devant, si vous préférez l'exprimer ainsi). Depuis les années 1960 nous dissocions le fait de montrer le corps et la sexualité. Je suis convaincu que tout français de souche d'aujourd'hui apprécie de voir des corps peu vêtus du sexe opposé sans que cela ne produise une réaction sexuelle. Il y a certes parfois une légère évocation, un « flirt », mais observer un corps est en général un acte d'esthète : apprécier la beauté physique en tant que telle. Pour les hommes, les femmes incarnent la beauté, et pour les femmes les hommes ne sont pas non plus dénués de charmes physiques. Nous avons ce qu'on appelle des « mœurs libérées », sans aller jusqu'aux communautés d'amour libre des années 1960, qui sont restées des expériences uniques parce que jugées excessives[13]. Il va sans dire que les musulmans qui se sentiraient choqués par mes propos doivent entreprendre sur eux-mêmes un travail intellectuel et psychologique sur le corps et la sexualité. Les horaires de piscines pour les femmes et les voiles ne sont pas compatibles avec notre culture, car ils correspondent à notre passé. Il y a cent ans, en France, ces pratiques islamiques n'auraient suscité aucune critique. Aujourd'hui pour les musulmans qui souhaitent demeurer en France et vivre en paix (avec les Français), il faut aller de l'avant et faire évoluer l'islam pour le rendre compatible avec le naturisme et le mélange des sexes. L'*innovation religieuse* est possible, le judaïsme et le christia-

---

13 Un certain auteur de science-fiction, bien connu pour une trilogie sur les insectes, fait l'éloge dans son dernier roman d'une communauté où tous les individus dorment dans une même salle et où les enfants écoutent et assistent aux ébats des adultes. L'auteur ne cache pas son opinion que la culture sexuelle de cette communauté est supérieure à la culture occidentale. Une des questions à propos de la stratégie évolutive des cultures est donc celle-ci : « jusqu'où aller ? ». Jusqu'où évoluer ? Par exemple, notre culture actuelle *doit-elle* évoluer jusqu'au point de normaliser l'amour libre et une certaine pédophilie ? Si nous ne devons pas nécessairement évoluer, alors pourquoi les musulmans le devraient-ils ? Dans l'absolu, qu'est-ce qui les forcerait à évoluer ? Mais une réponse dans l'absolu ne fait pas de sens ; il n'y a pas de réponse théorique mais uniquement pratique, concrète : seul existe la nécessité d'évoluer si le contact avec une autre culture peut faire que l'islam soit évolue, soit disparaisse. Je reproduis simplement ici la logique de l'évolution naturelle : ainsi en va-t-il, selon les mécanismes de la sélection naturelle, de deux espèces concurrentes présentes sur un même territoire et convoitant les mêmes ressources.

nisme l'on fait à de multiples reprises. Personnellement, je ne vois pas pourquoi je devrais faire un effort vestimentaire ou ne pas aller nager avec des femmes, pour ne pas heurter la sensibilité des musulmans. C'est aux musulmans qu'il revient de faire un effort. Et si l'effort n'est pas entrepris, si l'islam est appliqué à la lettre tel que lors des violences collectives sur des femmes par des musulmans après le réveillon de 2015 dans plusieurs villes allemandes, des sanctions fermes doivent être prononcées contre les auteurs des faits. Toute mesure laxiste revient à renier notre culture (son héritage et sa direction d'évolution), ce qui n'est pas acceptable.

5 NE PAS ADRESSER LA PAROLE AUX FEMMES

Que ce soit au travail ou dans la rue, certains hommes musulmans ne disent pas bonjour aux femmes ou ne répondent pas aux femmes qui leur adressent la parole. Hélas je n'exagère rien, on trouvera d'innombrables témoignages de tels comportements. C'est inacceptable : c'est à mes yeux, et aux yeux de la majorité des Français j'en suis convaincu, une idiotie. Une divinité qui enjoindrait de ne pas parler aux femmes autres que l'épouse ou la mère ? C'est pour nous, héritiers des Lumières, trop irrationnel.

Certaines associations ou personnes objectent qu'aujourd'hui il y a de nombreux « machos » parmi les Français de souche, et donc que ces hommes musulmans ne sont pas pires que le vieux paysan au fond de sa campagne ou que moult employeurs ou supérieurs hiérarchiques, qui ne se privent pas de mettre la main aux fesses ou de faire des remarques sexistes. Certes, il y a là des vérités (le besoin de plus de respect des femmes dans les entreprises et en politique). L'égalité des sexes est un chantier en cours. Mais ce raisonnement ne peut pas justifier la misogynie islamique. Ce serait comme autoriser légalement une personne à en tuer une autre sous prétexte qu'il existe déjà des meurtriers (je force le trait à dessein). Je suis tout à fait d'accord sur l'existence des machos, et je constate qu'ils sont en effet nombreux, plus nombreux qu'en Allemagne par exemple. Mais il faut voir la direction de notre culture : nous *allons* vers plus de respect et de courtoisie entre les sexes, vers plus d'égalité dans les salaires et dans les opportunités de travail. L'évolution culturelle est lente, elle est gênée par l'omniprésence de la pornographie sur internet, mais nous n'abandonnons pas cet effort noblement humaniste. Les hommes musulmans doivent « prendre le train en marche », c'est un effort qui leur incombe. Les femmes musulmanes aussi doivent revendiquer la liberté de parole et l'égalité des sexes.

6 LE DÉFI ISLAMIQUE EN FRANCE

Occultons ici les dérives sectaires de l'islam en France, contre lesquelles des mesures spécifiques doivent être prises. Les musulmans de France qui se disent modérés doivent se *hisser* au niveau de la culture française : respect des animaux, objectivité du corps, égalité des sexes et libre parole entre les sexes. *La culture française doit être le dénominateur commun à tous les Français.* Une religion peut proposer plus que ce socle, en aucun cas elle ne doit proposer moins. Entre vivre sa religion en tuant des hommes et des femmes qui ont une autre culture (Daesh), et le simple fait de se déclarer modéré parce qu'on ne tue pas (frères musulmans, conseil français du culte musulman, union des organisations islamiques de France), il y a tout un espace pour les discours niant le bien-être animal, niant la liberté de parole à propos du corps et niant l'égalité des sexes. Comme je l'explique dans le texte *Une mosquée en projet*, je compatis avec les musulmans dans leurs efforts nécessaires pour « actualiser » leur religion. Cela doit se faire. Ce n'est pas à nous (les non-musulmans) de nous abaisser, ou de revenir en arrière, pour ne pas heurter leur sensibilité religieuse : la culture française en France n'est pas négociable, tout comme en Arabie Saoudite ou au Qatar l'islam littéral n'est pas négociable. Pour « venir à nous », l'islam en France doit passer par les filtres de la modernité sociale, de la philosophie et des sciences naturelles, et ce en une dizaine d'années – quand il aura fallu plusieurs siècles pour le christianisme ! C'est donc un véritable défi à relever.

Et si certains musulmans refusent de le relever ? Officiellement, l'État n'a pas le droit d'intervenir dans les religions. Cela fait partie de la laïcité : la religion relève de la sphère privée, et l'État n'intervient pas dans la vie privée (quoique...) Il nous faut donc, pour l'islam, lever un pan de la laïcité, afin que les mosquées et les prêches puissent être contrôlés par les forces de l'ordre pour identifier les imams et les textes contraires à l'évolution de notre culture et de nos lois, pour interdire ceux-ci, et pour autoriser uniquement ceux conformes à notre culture et à ses efforts actuels d'évolution. Il faut donc établir une censure d'État vis-à-vis de l'islam. Je ne partage pas l'opinion de Michel Onfray, quand il estime que la laïcité doit être adaptée à la situation actuelle en ce sens : il pense que l'État doit financer les lieux de culte musulmans, afin d'arrêter que ceux-ci soient financés par des pays où règne un islam fondamentaliste. Je dis qu'il faut choisir la voie du milieu : liberté de financement *et* obligation de conformité culturelle. Si ces états souhaitent poursuivre leurs financements, alors tant mieux pour les musulmans et tant mieux pour le contribuable. Mais ils financeront des prêches et des enseignements conforme à la culture française. Si cette censure d'état les dérange, alors ils arrêteront de subventionner l'islam en France.

Est-ce irréaliste d'en arriver là ? Prenons par exemple le sommet organisé par l'UOIF (union islamique) à Lille ces 6 et 7 février 2016. Un invité ouvertement homophobe devait prendre parole, il a été en urgence « décommandé » avec deux autres jugés trop « polémiques ». L'homophobie existe donc bien parmi les musulmans de France et elle ne craint pas de s'afficher si la voix du peuple ne s'élève pas. Autre exemple, l'islamisation de la RATP (entreprise des transports en commun de paris) : des chauffeurs musulmans refusent de s'asseoir sur le siège du conducteur au motif qu'une femme les y a précédés. Ce comportement n'est pas acceptable et doit être sanctionné.

7 EN CONCLUSION

Voilà, j'ai « vidé mon sac », cher lecteur, pour que tu saches tout des raisons qui m'invitent à ne pas accepter le comportement de *certains* musulmans. Même au nom de la liberté de religion, je n'accepte pas ces comportements, et pour être cohérent je devrais rallier les personnes qui pensent comme moi, pour faire valoir cette opinion au niveau national lors des prochaines élections. Mais je ne peux me rallier ni au parti Les Républicains ni au parti socialiste, car pour ce qui est de l'économie ils sont incompétents. Le parti Debout la France ou bien le Front National ? Et je ne peux pas me tourner vers les militants de lutte ouvrière, car je crois à l'idée d'entreprise quand eux pensent que c'est le mal absolu.

Les musulmans qui veulent vivre en France doivent s'adapter ou partir, quelle que soit leur nationalité : ainsi je pense parce que je crois au *droit du sol*. Le droit du sol n'est pas du racisme : quand je suis allé visiter une mosquée en Malaisie, j'ai échangé mon short pour un pantalon. En Thaïlande je respectais les temples bouddhistes, je me suis même agenouillé devant Bouddha. Ici en France je ne fais pas de tourisme d'église, car je respecte ces lieux à ma façon (et quand j'y rentre, rarement, ils me font quand même réfléchir).

Je pense que la France n'est pas les États-Unis d'Amérique, et qu'il peut exister en France un multiculturalisme *à condition que la culture majoritaire soit la culture française et que celle-ci ne soit pas contredite par les autres cultures.* Je suis convaincu que cela laisse un espace de liberté : pensons par exemple aux cultures asiatiques et africaines qui s'expriment en France tout en étant compatibles avec notre culture.

Le lecteur aura noté mes répétitions de « ce n'est pas acceptable ». Il ne faut pas en déduire que je sois borné ou catégorique, du genre c'est comme ci et pas comme ça. Je vois non pas deux mais trois voies : la culture française, la culture islamique traditionnelle, la culture islamique actualisée sur l'exemple de la culture française. La seconde n'a pas sa place en France, celles et ceux qui veulent la suivre ont le choix entre l'abandonner, partir de France ou la faire évoluer. Les frontières sont ouvertes dans les deux sens. Il y a trois voies. Ceci est le nœud du problème : *pour les musulmans, c'est une erreur de croire que l'effort à faire consiste à réclamer le droit de pratiquer sa religion. À réclamer le droit à la différence. La bien-pensance et les associations anti-racisme et « antifas » soutiennent les musulmans dans ce chemin sans issue. L'effort à faire consiste à créer un islam, ou une culture islamique, actualisée, qui prend exemple sur les directions d'évolution de notre culture française.* Je ne veux pas faire d'autres recommandations sur ce que doit devenir l'islam, je laisse aux musulmans volontaires le soin de tracer eux-mêmes les esquisses ! L'innovation religieuse est-elle impossible ?

Le lecteur aura aussi remarqué que j'ai évité d'utiliser les termes de progrès, de rationalisme, de vérité scientifique, pour caractériser notre culture actuelle. Aujourd'hui toute religion doit se confronter avec les connaissances que la science nous livre sur le monde et sur notre corps. Des pratiquants qui refusent cela, quelle que soit la religion, ne sont pas à leur place en France ! Mais oui, un tel refus de la connaissance objective revient à se mettre des ornières mentales. C'est refuser de voir la réalité, c'est se couper de nombreux aspects du monde et cela engendre des limitations intellectuelles. C'est pour cela que je dis que les religions présentes en France depuis le Moyen Âge sont passées à travers deux filtres, celui de la philosophie à partir du XVIIIe siècle et celui de la science à partir du siècle suivant. Elles en sont sorties épurées des crédulités, des fantaisies, des erreurs, des mégalomanies, des confusions, du discours moraliste, du discours culpabilisant. Et donc la question de la croyance, de la foi, vis-à-vis des connaissances matérielles objectives amenées par la science, est devenue très inspirante, est devenue plus efficace pour l'épanouissement personnel si je puis m'exprimer ainsi. La personne qui accepte tous les faits scientifiques et toutes les réflexions philosophiques libératrices, et qui en même temps garde en elle une place pour la foi (la foi en la bonté de l'Homme et la foi en l'existence d'un sens à la vie) est selon moi plus authentiquement religieuse que la personne qui se contente d'aller à la messe et de faire ce que dit le prêtre (ou l'imam). L'islam en France doit faire ce chemin d'épuration (de purification) par la philosophie et par la science.

Qui suis-je, me demanderez-vous, pour me permettre d'écrire tout cela ? Quelle est ma légitimité pour juger une religion ? Tout d'abord, modestement, je pense que notre société se doit d'être *humaniste*, c'est-à-dire avec des objectifs moraux (ne pas s'entre-tuer), des objectifs éthiques (ne pas se faire souffrir les uns les autres ou faire souffrir les animaux), des objectifs environnementaux (préserver la Nature qui nous fait vivre) et la reconnaissance du droit à la spiritualité (chacun est libre de chercher ou non un sens à sa vie). Je ne suis pas contre les religions[14]. Si certaines personnes en ont besoin, alors qu'elles pratiquent une religion. Pour ma part je n'en ressens pas le besoin. Je me définis comme un *agnostique spirituel*, c'est-à-dire que je crois que l'individu trouve et crée le sens de sa vie en étudiant et en interagissant harmonieusement avec la Nature et avec les autres membres de la société, ainsi qu'en faisant sur soi un travail permanent pour comprendre ses pensées, ses émotions et son corps[15]. Je crois qu'il n'est nul besoin d'un dieu ou d'un clergé pour être bon et avenant. Je ne crois pas qu'il existe une divinité ou des entités « supérieures » qui puissent nous offrir de la joie ou du malheur par leur seul bon vouloir. En fait, après de nombreuses années de réflexion et une vie riche d'expériences de par le monde, je doute qu'il faille chercher un sens à sa vie ou à la vie en général. Chercher un sens : où, comment, dans quelle direction ? On regarde donc dans de multiples directions, en cherchant quelque chose que l'on ne saurait décrire (une joie immense, une sérénité, une confiance ?) Chercher implique qu'il y a deux endroits : celui où l'on se trouve et où il n'y a pas la réponse, et celui où l'on ne se trouve pas mais où la réponse se trouve ! Bref on essaie de trouver quelque chose qui n'est pas nous, qui est autre chose que nous (car pourquoi chercher quelque chose que l'on aurait déjà ?) Je pense que c'est une vaine quête : on cherche un monde vierge de nous, alors que nous ne voulons jamais qu'un monde où

---

14 Je définis la religion comme étant la réalisation en commun de pratiques spirituelles. Par exemple prier ou méditer ensemble, organiser un lieu de culte, est de facto pour moi une religion.

15 Interagir de façon harmonieuse dans la société et avec la Nature requiert des efforts permanents. Par ces efforts successifs d'accepter ses erreurs et celles des autres, d'inventer des solutions, on s'augmente, on se construit. On devient plus efficace, plus serein, plus visionnaire, plus sensible. Même si j'ignore s'il existe un objectif final (autre que la mort !) à cette évolution individuelle, cela imprime tout de même un sens à la vie, qui n'est pas n'importe lequel, qui n'est pas dû au hasard. Nous ne sommes pas livrés au hasard.

nous puissions agir en toute liberté. Ce monde vierge de nous n'existe pas. *On ne trouve jamais que le monde qui est complémentaire à notre être intérieur.* Tel nous sommes, tel est le monde qui s'offre à nous. On peut chercher, c'est notre premier réflexe. Mais maintenant, à mon âge, *créer* me paraît une voie plus certaine : créons la vie qui nous donne les moyens d'être libres, par là j'entends les moyens de nous épanouir. Je ne vois pas le besoin d'une religion, d'un clergé, car nous ne pouvons jamais faire qu'une seule chose : mettre en phase notre être intérieur (nos pensées et émotions) avec notre corps et avec les lois qui régissent la Nature. C'est le grand alignement pour l'accomplissement du grand œuvre alchimique. Voilà ce que j'ai « trouvé ». Je vous le dis, tout en sachant que cela « rentrera par un œil et sortira par l'autre » si vous n'avez pas vécu les expériences qui font aboutir à de telles compréhensions. Sur le chemin de la vie, on est toujours seul et on avance que si on le souhaite.

Dans la spiritualité il y a quelque chose d'intransmissible, qui est l'expérience personnelle. Et cela m'amène à formuler une critique générale à l'égard des religions : aucune religion ne peut être utilisée pour gérer une nation. Religion et politique sont fondamentalement incompatibles. *Car il y a autant de religions différentes que de pratiquants.* Chacun est à un point précis du cheminement spirituel, chacun comprend les textes et le monde d'une façon qui lui est propre, selon son caractère, selon les efforts qu'il y met, selon l'instant. Le religieux est (ou devrait être) un individu dont la vision du monde évolue, n'est pas figée. Or, pour gérer une nation, il faut des compréhensions communes, des aspirations communes, des moyens communs. *Une religion est un chemin personnel, donc une religion ne peut jamais satisfaire à un moment donné tous les habitants d'un pays.*

C'est donc parce que je suis convaincu de la valeur de mon raisonnement de la « troisième voie », parce que j'ai étudié

les façons dont la science influence la religion (le christianisme et le bouddhisme) et aussi parce que j'ai un passé de
pratique religieuse (bouddhiste plus précisément) et donc une
compréhension de la religion *de l'intérieur*, que je pense avoir
quelque légitimité pour critiquer l'islam.

LA BIEN-PENSANCE

Part d'émotivité du texte : ++ (on y trouvera un brin de provocation)
Part de logique : ++++ (voire un peu trop de logique coupée de la réalité)

1 PRÉMISSES DE LA GUERRE

Il y a quelques jours, je critiquais sur ma page Facebook un article d'un site de news internet, dans lequel était interviewé un historien. Celui-ci expliquait que le métissage entre les peuples a toujours existé, depuis que l'Homme est Homme. Et d'affirmer qu'en Europe il y a trop de personnes qui ne comprennent pas cela.

Dans le contexte actuel (crise des « migrants », terrorisme islamique, perméabilité des frontières), pour moi il ne faisait aucun doute que l'historien, et le journaliste qui l'interrogeait, pointaient du doigt, sans pour autant les nommer, les personnes qui ont voté pour le Front National aux élections régionales de décembre 2015. Ainsi que toutes les personnes en Europe qui soutiennent les partis nationalistes. Je suppose que l'historien et le journaliste prennent ces voteurs nationalistes pour des idiots, car leurs phrases laissent sous-entendre qu'il n'y a que les idiots qui ne comprennent pas la réalité du métissage. Donc que seuls les idiots refusent le métissage. Donc que l'idée un peuple – une nation est une idiotie. N'est-ce pas là un sous-entendu tout à fait politique, derrière une façade de considérations historiques ?

Ma critique postée sur Facebook était simple : qu'un chercheur ne devrait pas sous-tendre les résultats de ses recherches avec une opinion politique. Car on ne distingue plus ce qui est la cause et ce qui est la conséquence : l'opinion politique résulte-t-elle de l'étude historique ? Ou l'étude historique est-elle conçue pour étayer l'opinion politique ? C'est là un flou désagréable, c'est hautain (on dit sans dire, on insinue), c'est un mélange des valeurs et des méthodes. Pourquoi ne pas avoir appliqué l'ordre du dialogue libre selon Michel Polanyi : 1) exposé des faits, 2) présentation de l'opinion, 3) expression de l'émotion ? Ainsi on s'épargne toutes les insinuations. Mais cette façon objective de procéder ne me semble pas faire partie de la tradition journalistique française...

Mal m'en prit d'écrire ce dévoilement, et par la suite de vouloir m'en expliquer. Une jeune dame, très charmante par ailleurs, à qui j'avais présenté mon jardin et mon art de cultiver la Terre, a répondu à mon commentaire et, au fil de mes explications, en a déduit que je suis raciste ! Parisienne, binationale, diplômée de l'EHESS (école des hautes études en sciences sociales), on peut penser à priori qu'elle est sensible aux thèses de la « bien-pensance » parisienne (j'expliciterai cette expression par la suite). Supposition facile, car en ce moment les intellectuels semblent partagés entre les bien-pensants et les autres méchants réactionnaires limite racistes (Onfray, Houellebecq, Finkielkraut, Gauchet entre autres noms les plus connus). Les grands médias posent sans cesse cette ligne de partage entre pensée progressiste, ouverte au monde (sous-entendu de gauche), et pensée réactionnaire, identitaire, raciste (sous-entendu de droite).

J'ai cru nécessaire d'expliquer posément à cette jeune dame que des gens de cultures différentes peuvent vivre en France *à condition* de respecter la culture française ; que cette culture française est aujourd'hui en souffrance ; qu'ayant été moi-même un étranger dans plusieurs pays je comprends bien la situation des immigrés en France. Mais j'ai réagi sur le vif au moment où elle a sous-entendu que j'étais raciste : je l'ai rayée de mes contacts sur les réseaux sociaux. Elle me recontacte par d'autres voies, blâmes de sa part, je reviens sur ma décision de ne plus communiquer avec elle, j'amorce la réconciliation en lui proposant de se rencontrer à nouveau et pour de vrai (car nos échanges à bâton rompu avait eu lieu via Facebook). J'expliquais que ni elle ni moi ne disposions de la vérité, et que peut-être ensemble pourrions-nous progresser vers une troisième voie au lieu de demeurer chacun avec nos conceptions.

2 LA DÉCLARATION DE GUERRE

Je reçus un refus catégorique. Bon ! De ses propos, je vous présenterai en détail, j'ai déduit qu'elle est ouverte au monde, qu'elle rejette toutes les différenciations biologiques, ethniques et culturelles entre les individus. Elle est ouverte, mais elle ne veut pas dialoguer, elle ne veut pas aller au fond de notre différend. Attitude paradoxale ! Les actes ne suivent pas le discours, pensais-je alors. Pour une personne diplômée, donc éduquée à être objective et à aller de l'avant, j'étais déçu de cette réaction. Elle m'a expliqué que je n'ai pas à écrire sur ce thème parce que je ne suis pas qualifié – entendez que je n'ai pas de diplôme en sociologie. C'est là de la petitesse d'esprit, c'est un argument que je mets sur le compte de son jeune âge. Après plusieurs longs échanges, pour « m'achever », elle m'expliqua que comme j'avais écrit que je n'avais rien contre les noirs, c'est donc qu'en fait j'avais quelque chose contre les noirs. La ficelle est grosse ! D'où mon irritation et sa radiation de ma liste d'amis virtuels[16].

Quel sophisme, quel nœud intellectuel que son raisonnement ! Comment passait-elle de mon affirmation que j'avais eu des amis de couleurs (ayant vécu à l'étranger) à son affir-

---

16 Mais que signifie vraiment être ami sur Facebook ou sur tout autre réseau social ?

mation que je sois raciste ? Et pourquoi ce raisonnement ? Comment en est-elle arrivée à penser ainsi ? Pense-t-elle que ceux qui disent qu'ils n'ont rien contre les étrangers sont nécessairement des gens qui au contraire les détestent, et qui réagissent comme les personnes qui n'aiment pas les animaux : pour faire bonne figure ils vont quand même caresser un chat ou un chien ? Si je suis sa logique, alors surtout ne dites pas que vous aimez les noirs, ou les arabes ou les Chinois, car en fait ce serait le signe que vous avez besoin de vous justifier que vous vous sentez mal à l'aise en leur présence. Si c'est ce genre de raisonnement qu'on enseigne à l'EHESS... Face à la grossièreté de cette façon de penser « rien avoir contre les noirs = raciste », cette première tentative d'explication ne m'a pas satisfait. Elle n'est pas complète, ce que j'allais comprendre durant le deuxième jour de nos échanges (qui en est aussi le dernier jour).

3 LES MOTIVATIONS DE L'ENNEMI

En effet, le lendemain, après une mauvaise nuit pleine de doute sur mes conceptions, j'allais percevoir que derrière cette façon de penser « rien avoir contre les étrangers = être raciste » il y a une théorie, ou une philosophie fondamentale, et que cette théorie prétend à l'universalité. Théorie ou philosophie ne sont peut-être pas les termes adéquats, idéologie est peut-être ce qui convient le mieux. Mais si on doit opter pour le terme d'idéologie, alors il faudra admettre que l'élite intellectuelle de France (l'EHESS, par son nom seul, ne prétend-elle pas former l'élite ?) est sous l'emprise une idéologie, ce qui est une perspective attristante et effrayante à la fois[17].

---

17 Nombreuses sont les critiques contre la prétention de la sociologie à être une science. Les sciences naturelles dévoilent les lois de la Nature, les sciences sociales prétendent dévoiler les lois de la société. Or, de telles lois (ou ce que l'on veut appeler ainsi) n'ont jamais le caractère intransigeant des lois naturelles. Il

Avant de vous relater ma découverte de cette théorie, découverte que je vécus comme une levée de bandeau, comme une réception de la lumière, au lendemain de l'échange avec la jeune femme, permettez-moi sur deux pages de finir de vous présenter mes impressions et réflexions *immédiatement* suite aux deux jours d'échange.

Premier essai de définition de la bien-pensance

Nul doute que j'avais rencontré là une « groupie » de la bien-pensance. Qu'est-ce que je comprends par ce terme ? La bien-pensance m'apparaît comme une pensée fourre-tout qui englobe les propos suivants : tous les immigrés nous veulent du bien, ils sont une chance pour la France, il n'y a aucune différence entre les homos et les hétéros, le mariage pour tous, l'école doit éduquer sans guider l'enfant, les frontières sont une atteinte aux libertés et aux droits de l'homme, les religions doivent être respectées, les religieux ont des droits qui leur sont spécifiques, les minorités doivent être reconnues et leur spécificité législativement fondée, la planète est un village global, etc. Et quand on n'adhère pas à ces conceptions, les bien-pensants se lèvent et clament dans les grands médias qu'il est interdit d'avoir une autre opinion, que la seule autre opinion est l'intolérance, la discrimination, et que cela conduit à l'extrême droite et au fascisme. D'autres personnes auront une conception un peu différente de la bien-pensance, je ne prétends aucunement donner une définition absolue. Il me semble que les philosophes Michel Onfray, Alain Finkiel-

---

n'existe aucune loi d'organisation de la société qui ne puissent être changée par la volonté des individus, alors que rien ne peut retourner ni tordre ni même égratigner une loi de la Nature. D'où certaines positions politiques qui justifient l'arrêt des subventions des universités de sociologie. Pour ce qui est d'aider et de guider la société, les philosophes seraient bien plus utiles, selon moi.

kraut, l'hebdomadaire Valeurs Actuelles, Eric Zemmour, entre autres, dénoncent régulièrement cette bien-pensance.

Ce genre de conception du monde, « soit tu penses comme nous, soit tu es un dangereux idiot rétrograde » m'exaspère. Je trouve que la gauche actuellement au pouvoir la pratique à outrance, et je la trouve indigne de la gauche. Elle est simpliste et donc en contradiction avec les valeurs socialement élevées de la gauche. Depuis quatre ans que je suis revenu en France, je commence à comprendre que c'est pourtant ainsi que fonctionne notre politique au niveau national : *s'affirmer*, il s'agit de s'affirmer dans l'hémicycle, même si les actes ne suivent pas les mots, comme si s'affirmer suffisait seul à vous procurer, à vous créer, de la respectabilité politique, de l'autorité politique. Ça me dégoûte, mais j'ai compris qu'il n'y a rien à y faire, que cela ne changera pas[18]. J'ai fait mon deuil. La gauche au pouvoir est convaincue de ses idéaux parce qu'elle ne leur reconnaît aucune alternative. La gauche tient les médias sous contrôle, qui décrivent à longueur de temps la droite comme passéiste et fasciste. La situation s'auto-entretient, c'est-à-dire qu'elle est bloquée.

4 L'ENNEMI TÉLÉGUIDÉ ?

Revenons au cours de l'échange. Je notais que cette jeune femme m'opposait des arguments dans lesquels je ne voyais aucune touche personnelle. Elle me précisait qu'elle avait rencontré les personnes les plus innovantes en sciences sociales, et j'en ai déduit qu'elle ne faisait que reprendre leurs thèses. Je lui demandais de me communiquer un de ses écrits pour que je puisse mieux comprendre ses positions, mais même ça

---

18 Les publicitaires ont la même stratégie : répétons sans cesse la bêtise, et le public finira bien par s'y habituer.

elle me le refusa. Elle est (elle se dit) sociologue spécialiste de la sexualité, mais elle n'a écrit aucun article sur le sujet !

4.1 De la sexualité politiquement correcte

Je précise que du thème du métissage j'avais glissé vers le thème de la sexualité, écrivant que les propos de l'historien étaient dépassés selon moi, car auparavant (avant le XIXe siècle) je crois que les mariages étaient plus souvent contraints que le résultat du seul amour romantique. Par exemple, je ne pense pas que l'on puisse mettre sur un pied d'égalité le métissage actuel entre les peuples européens et le métissage des normands avec les habitants des côtes de la Manche au tournant du Xe siècle. Aujourd'hui le métissage se fait par des couples binationaux, où la rencontre, le mariage et les enfants sont le fruit de l'amour. Je pense que chez nos ancêtres, le métissage était davantage un fait de force (viols, capture de femmes, enfants « bâtards »), de stratégie « diplomatique » (conclure des alliances commerciales, des paix locales) ou de rencontre interculturelle très encadrée (rencontres qui devaient obtenir au préalable l'approbation des autorités de chaque camp). Je pense que, des deux côtés, les individus étaient strictement régis par leur culture. Les jeunes amoureux devaient d'abord obtenir le consentement de leur entourage pour se marier. Et dans la majorité des cas, je suppose que le choix du conjoint n'était pas libre mais était décidé par les parents voire par la communauté. Bref, le métissage n'est pas le même (en termes de nombre d'enfants métisses et de catégorie sociale concernée) s'il se produit entre des cultures où le mariage est régi par des règles (conjoint désigné) ou s'il se produit entre des cultures où existe la liberté de mariage (le libre choix du conjoint).

Je continuais en expliquant à mon interlocutrice qu'aujourd'hui, l'amour entre deux individus s'est libéré des anciennes obligations morales et traditionnelles, et que l'on sait que la biologie exerce un rôle dans la sélection du conjoint. Bref, que maintenant qu'existe la liberté du choix du conjoint, les gènes peuvent s'exprimer. Mal m'en prit de tenter ces explications ! Je n'avais selon elle pas le droit d'écrire de tels propos, construits à partir de ma seule expérience personnelle de la sexualité. J'ai pensé qu'elle doit honnir ma conception de l'histoire du mariage, car elle doit y voir une démonstration, une preuve biologique, de l'hétérosexualité. Durant la bataille du mariage pour tous en 2012, je devinais dans quel camp elle avait dû se trouver : dans le camp de l'amour libre.

4.2 Des études pour quoi faire ?

Aussi, elle me faisait en même temps comprendre que seul le docte a le droit d'écrire. Passons sur cet argument bien léger. Je consulte son site internet : vide, je n'y trouve aucun article. Et moi je n'apprécie pas qu'une personne qui ne fasse pas l'effort de développer ses réflexions personnelles et ne les publie pas, me dise comment penser et me dise que je ne dois pas écrire ! Ce n'est pas sérieux du tout. Dans une session de diplômés il y a les premiers et il y a les derniers. Moi j'étais un bon dernier, j'ai obtenu mon DEA avec tout juste 10 sur 20. Et pourtant j'écris des livres et des textes. Dans mon cours théorique d'agroécologie, je développe ma pensée en 950 000 signes à partir de ma réflexion propre, de mon expérience pratique et d'une bibliographie d'environ 50 livres et articles (certes c'est peu, mais quand même il faut le faire et la qualité importe plus que la quantité). Certes, je n'arrive pas à me faire connaître, mais j'écris quand même. Si un diplômé de niveau bac +5 n'est pas capable d'écrire des textes ou des livres, s'il n'est pas capable de se construire une opinion personnelle, s'il n'a pas ces volontés-là toute sa vie durant après avoir obtenu son titre, franchement je pense qu'il ne mérite pas son titre et qu'il n'a pas compris l'intérêt des études universitaires.

Permettez-moi d'ouvrir une parenthèse pour préciser ma pensée. L'université, ou toute autre école, institut post-bac, à niveau bac +5 et au-delà, doit former des gens *uniques* : des gens qui savent apprendre et réfléchir par eux-mêmes, qui sont capables d'imaginer des méthodes pour acquérir du savoir. Si vous faites des études et que vous finissez dans un travail où vous appliquez des méthodes sans en inventer, et que cela vous satisfait, vous avez volé une place à l'université pour quelqu'un qui certes était peut-être moins rapide et moins efficace que vous, mais qui avait à cœur de devenir un libre penseur et d'aller vers l'inconnu. C'est à ça que servent les études ! Je ferme la parenthèse.

La situation politique, économique et migratoire actuelle requiert de nos élites de la créativité et non de l'idéologie. Vous cher lecteur, rare lecteur qui me lisez, vous savez comme moi que ce livre ici n'aura aucun effet sur la politique, n'atteindra même pas la sphère politique. La politique est un match de boxe, argent et pouvoir sont à gagner, tous les coups sont permis. Il n'y a pas de place pour la subtilité : la gauche (socialistes, écologiste, trotskistes) affronte la droite (Modem, UdI, les Républicains, Front National). Progressistes versus réactionnaires, ainsi voit la gauche. Idéologues versus pragmatiques, ainsi voit la droite. Comment voulez-vous qu'avec cette vision bipolaire simpliste notre pays résolve ses problèmes et évolue ? Tant que ce découpage bipolaire perdurera, la France continuera de sombrer dans le chômage, la désindustrialisation, les dettes publiques.

5 TOUCHÉ, MAIS PAS COULÉ

J'étais dépité par les coups de bâton que la jeune femme m'avait administré. Je n'avais plus aucune envie de publier

mes réflexions politiques, d'écrire des réflexions sur l'avancée de l'islam en France, sur l'immigration. Peut-être, effectivement, étais-je raciste ? Peut-être qu'effectivement nul ne
doit écrire s'il n'est docte. Et pourtant...

Quand j'écris, c'est pour partager l'avancée de mon raisonnement avec le lecteur. Montrer ma *progression*. Mon opinion
politique n'est pas finie, je la construis, je cherche en permanence. La politique ça devrait être aussi ça : la création de
nouvelles options et non pas ressasser les vieilles lanternes.
C'est dur de trouver des points de repère fiables en politique,
c'est donc dur pour tout un chacun de se construire une opinion personnelle. Peut-être qu'avec les réflexions que je
mène, je ne sors pas du tout du lot, alors que je me vois en
novateur. Et puis, ma critique de l'historien était peut-être
trop subjective et j'étais peut-être trop sûr de moi. Qu'avais-je
espéré en critiquant l'article de l'historien et en invitant mes
connaissances sur Facebook à me dire leur opinion ? Les critiques négatives font partie du jeu. En invitant la jeune femme
à dialoguer face à face, je voulais naïvement mettre en pratique cette phrase d'Antoine de Saint-Exupéry « Loin de me
léser, ta différence, mon frère, m'enrichit ». J'essaie d'apprendre des critiques négatives, d'apprendre des positions différentes, pour arriver à me faire mon opinion personnelle.
Personne n'a la vérité, chacun en a un petit bout, si on met en
commun ce qu'on a, on se donne les moyens de changer
ensemble. Idéalement, il faudrait s'abstenir de tout jugement,
car chacun évolue.

Encore faut-il vouloir évoluer, encore faut-il accepter notre
incomplétude, encore faut-il ne pas avoir peur de l'autre pour
apprendre de lui, encore faut-il que l'autre ait vécu des choses
que nous n'avons pas vécues... J'ai toujours pensé que c'est
une bonne chose d'écrire ses réflexions personnelles, car c'est
un double exercice : clarifier sa pensée et tenter justement de
sortir de soi-même pour se mettre dans la peau des autres.

Qu'importe si la qualité de la réflexion n'est pas toujours au rendez-vous : nous ne sommes pas des machines. On apprend des erreurs comme des succès. Mon interlocutrice me faisait douter de l'importance que j'accorde à ce double exercice de l'écriture : il y avait selon elle des thèmes à éviter si l'on n'est pas expert en la matière. Bref, une nécessaire et saine auto-censure.

Une fois ces mots posés sur le papier (sur l'écran par l'intermédiaire d'un clavier pour être exact), il m'est évident qu'elle a tort, mais dans le cours de l'échange, sa force de conviction m'avait ébranlé. C'est la force de ses sentiments qui s'imposaient à moi (par exemple la colère semble procurer de l'autorité et la conviction semble prouver la possession de connaissances importantes). Comme tout un chacun, je suis influençable de cette façon. Et il y a aussi le facteur groupe. Je suis un penseur tout à fait solitaire, je ne suis membre d'aucun institut, d'aucune association, d'aucun groupe au nom duquel je pourrais parler. Elle, au contraire, parle avec derrière elle son école. Seul face à ce groupe, je pensais impossible que tous ces gens puissent se tromper ; il était plus vraisemblable que ce soit moi seul qui soit dans l'erreur. Heureusement, l'écriture des présentes phrases m'a tiré de ces faux-pas.

Globalement, j'appréciais l'échange même s'il ne se déroulait pas toujours sur un ton aimable. Je regrettais qu'il doive se terminer après deux courtes journées[19].

---

19 Ce n'était pas du temps perdu pour autant : je voyais rapidement qu'il y avait dans cet échange matière pour en faire la pierre d'angle d'un livre qui regrouperait mes précédentes réflexions politiques. Et le présent texte est donc d'une certaine façon la poursuite de l'échange.

6 REVENIR SUR LES MOTIVATIONS DE L'ENNEMI

Quelques heures après la fin de l'échange, le raisonnement selon lequel « si vous n'avez rien contre les étrangers c'est que vous êtes contre les étrangers », ne me sortait plus de la tête. J'avais ressenti que mon interlocutrice reprenait les thèses de sociologues « innovants » quant à la sexualité, et je me demandais si elle avait aussi récupéré quelque part ce raisonnement. Je demandais à madame Irma de confirmer ou d'infirmer mon intuition – c'est-à-dire que j'utilisais un moteur de recherche sur internet bien connu et y entrais les mots clés suivants : comment faire taire un raciste (notez au passage que le moteur me proposa la complétion automatique « comment faire taire sa femme »...) J'avais visionné quelques mois auparavant un programme de la chaîne de télévision Arte, où le journaliste expliquait doctement, à l'aide d'une liste, pourquoi les immigrés sont une chance pour la France[20]. Je pensais donc qu'il existait peut-être en complément de cette liste une autre liste, une méthode, pour déconstruire toutes les formes de propos racistes. Irma du web me confirma l'intuition : un site internet propose une « boîte à outil pour faire taire un ami raciste ». La page, à destination des enfants et des adolescents, est conçue selon le modèle argument / contre-argument : l'ami raciste fait une affirmation raciste, et son ami non-raciste la déconstruit sur la base de faits statistiques. Sont ainsi présentées des statistiques expliquant que la France ne compterait que deux millions d'habitants si ses frontières avaient toujours été fermées, que les immigrés font augmenter le PIB, qu'ils viennent surtout d'Europe et non de pays islamiques, qu'ils ont majoritairement une formation universitaire, etc. À la toute fin de la page l'ami raciste dit qu'il a un ami noir. Et la réponse de l'auteur de

---

20 Une chaîne notoirement bien-pensante, d'après certains.

cette boîte à outil anti-raciste est celle-ci : « comme tous les racistes ». Comme tous les racistes, quelle réponse n'est-ce pas ? Magistrale !

C'est, formulé un peu différemment, l'argument fatal de mon interlocutrice : tu n'as rien contre, donc tu es contre. Elle avait donc récupéré cet argument ; il n'émanait pas d'une réflexion personnelle. Me reviennent alors en têtes d'autres propos qu'elle a tenus : l'histoire n'est jamais objective mais est toujours créée par les groupes dominants ; la sexualité n'est que pour un petit pourcent due aux gênes et à la biologie, elle est majoritairement construite par la culture ; les termes de race, d'ethnies, de peuple, sont des constructions qui arrangent certains groupes pour maintenir leur domination ou leur distance vis-à-vis d'autres groupes. La lumière commença alors à se faire en moi, car je devinais que le maître mot commun à tous ces propos était « construction ». La différence entre les peuple serait une idée construite, de même la différence entre les sexes, la sexualité. À tout cela il n'y aurait donc quasiment aucune base biologique : ces dénominations et ces différenciations seraient abstraites, des vues de l'esprit, de pures idées.

6.1 Bienvenue dans idéal-land !

Marquons un arrêt pour méditer sur ce lieu de l'esprit où je suis arrivé : il s'agit de l'idéalisme, qui est une forme de philosophie. Tout est idée, le monde n'existe que dans notre pensée, notre pensée est le monde. En soi, cette conception est possible, par là je veux dire qu'elle repose sur une logique. On ne peut pas concevoir le monde sans le penser, donc pourquoi le monde existerait-il hors de notre pensée, pourquoi serait-il différent de notre pensée, pourquoi serait-il d'une autre substance que notre pensée ? La philosophie opposée est le matérialisme, postulant que tout est matière, que la pensée même est matière (matière chimique des neurones, des synapses et des messages nerveux)[21]. Certains matérialistes vont jusqu'à assimiler logiciel d'un ordinateur et pensée humaine. Déjà, quand on a l'esprit pratique, on n'accorde pas plus d'importance qu'elles ne le méritent à ces deux philosophies. Non pas qu'elles soient inutiles, mais parce qu'il faut toujours vis-à-vis d'elles garder une attitude sceptique, douteuse : aucune personne sérieuse ne saurait dire que celle-ci ou celle-là constitue la vérité ultime. Il y a un peu des deux, et plus encore. Je crains que ma jeune interlocutrice, peu exercée à déployer son intellect en dehors de son travail d'enquêteuse en sciences sociales pour de grands groupes industriels, et malgré son éducation (ses hautes études), n'ait pas conscience que ses propos baignent dans l'idéalisme.

Entre parenthèses, je ne saurais le lui reprocher. Moi le premier et nous tous je pense, nous avons des zones d'obscurité, volontaires ou non, dans nos conceptions. C'est un travail permanent, toute une vie durant, que de parvenir à la pleine conscience de ses préjugés et de la dépendance souvent totale de ce que nous pensons être nos idées vis-à-vis de certaines doctrines. Mais pour les thèmes dont on se revendique spécialiste, seule la jeunesse fournit une excuse, temporairement acceptable, pour ne pas savoir ce qui sous-tend nos propos de spécialiste, ce qui en est à l'origine. Le vrai philosophe est celui qui met toujours ses propres pensées en doute et en perspective, avant de décider librement et volontairement sur la base de faits et d'expériences concrètes, d'endosser ou non une conception plutôt qu'une autre. À aucun moment un philosophe ne peut justifier son adhésion à un système philoso-

---

21 J'ai conscience que cette opposition est simpliste. Je m'en excuse auprès des philosophes, mais détailler tout le panel des philosophies qui existent entre ces deux extrêmes, ou bien même utiliser un autre axe de découpage de la philosophie, pour mieux situer la position de mon interlocutrice, dépasse l'objectif que je me suis fixé pour ce texte.

phique avec ses seules émotions (juste parce qu'il en aurait envie ou parce qu'il en ressentirait le besoin). Et puis, ce n'est pas parce qu'il existe déjà de grands systèmes de pensées, qui expliquent déjà toutes choses présentes dans le monde, qu'il ne faut pas soi-même faire un cheminement intellectuel. Il est préférable de faire soi-même le chemin, de réfléchir par soi-même, plutôt que de simplement reprendre les conclusions auxquelles sont arrivés les pionniers. Bien sûr, il est inévitable de retomber dans les pas des grands penseurs. Et alors ? Ces grands penseurs veulent justement que l'on refasse soi-même leur chemin. Sinon ce ne seraient pas des penseurs et des pédagogues, mais des gourous et des vendeurs. Fin de la parenthèse.

Les points communs entre mon interlocutrice et l'auteur de la boîte à outils anti-raciste sont *l'assurance, le ton péremptoire, la suffisance*. Passons sur la logique erronée de cet outil soi-disant fatal de l'anti-racisme : « tu as un ami noir, tous les racistes ont des amis noirs, donc tu es raciste ». Survolons sans nous attarder la débilité de l'affirmation « tous les racistes ont des amis noirs ».

6.2 La philosophie déclinée en principe d'action

C'est surtout cette assurance qui m'a interpellé, cette certitude d'avoir raison, qui légitime le droit de juger une autre personne. D'où vient-elle ? Elle ne peut pas venir de la philosophie idéaliste, car cette philosophie est trop générale, trop globale, trop abstraite. Le fait de juger, au contraire, implique un lieu précis, un moment précis, un acte précis, donc un ancrage dans le concret. Je doute qu'une personne puisse être si mentalement déficiente au point de croire que l'idéalisme est la vérité ultime, la connaissance ultime, et qu'au possesseur de cette connaissance, la supériorité et le droit de juger seraient conférés automatiquement et indiscutablement. Cette idée ne tient pas.

Il faut deux clés pour comprendre d'où vient cette assurance infaillible et arrogante.

1. Une clé philosophique, plus précisément idéaliste : les noirs, maghrébins, musulmans, gays, étrangers, etc. sont de pures idées. Ces différenciations entrent individus n'existent pas, elles sont des créations de l'esprit.

2. Une clé éducative : toute personne qui utilise ces termes noirs, maghrébins, musulmans, gays, étrangers ... *est de facto raciste*, car le non-raciste, qui est l' « homme moderne et éduqué », a appris que ces termes ne correspondent à aucune réalité et donc il ne les utilise pas. CQFD. Seul l'homme moderne et éduqué possède cette vérité. L'argument fatal anti-raciste fonctionne donc *toujours* : il est sans aucun lien avec le fait que vous ayez ou non des amis étrangers, *il repose uniquement sur le fait que vous utilisiez le terme d'étranger, le terme de noir, d'asiatique, etc.* Dites que vous aimez la culture des asiatiques : vous êtes de facto raciste contre les asiatiques. Dites que vous avez un ami asiatique, et c'est la preuve que vous être raciste contre les asiatiques. Par le simple fait d'utiliser le mot « asiatique », vous sous-entendez qu'il existe des différences entre eux et vous. Alors que si vous étiez éduqués, vous sauriez que tous les hommes sont égaux, et donc vous ne les différencieriez pas les uns des autres.

Cette assurance est auto-justificatrice : les personnes qui ne sont pas (bien) éduquées sont nécessairement racistes, car elles utilisent ces termes. Seul la (bonne) éducation peut les rendre non-racistes. *À partir de la philosophie idéaliste on voit donc que se décline un principe d'action (une méthode) pour altérer la réalité : pour faire évoluer la réalité, il suffit de bannir certains mots, de faire évoluer leur sens ou d'en créer de nouveaux.* Pour combattre le racisme, il suffit d'alléger notre dictionnaire : supprimons tous les mots utilisés pour décrire les différences entre les individus et il n'y aura plus de racisme, selon les idéalistes. Avec le pourquoi (la philosophe idéaliste) et le comment (cette méthode d'altération de la réalité), mon interlocutrice et l'ingénieur de la boîte à outils antiraciste se sentent invulnérables ! Il suffit que j'utilise le mot noir, ou musulman, ou étranger, pour que je sois un raciste ou un xénophobe. C'est imparable, n'est-ce pas ? Le langage agit comme le révélateur infaillible de vos convictions intimes ![22]

Attardons-nous un instant sur les applications de cette « méthode » (changer le langage pour changer la réalité) à d'autre domaine que les ethnies (oups, je viens d'utiliser un mot interdit, je suis donc raciste malgré moi).

• Appliquée au domaine de la *sexualité*, nous distinguons alors l'explication de la théorie du genre : il n'existe aucune femme, aucun homme, aucun gay, aucune lesbienne, aucun travesti modifié chirurgicalement ou non, aucun hermaphrodite, aucun impotent parce que trop âgé, aucun impotent parce que trop jeune. Toutes ces différenciations sont de pures créations culturelles des groupes dominants. Il faut donc bannir l'usage de ces termes, et surtout leur enseignement. Ainsi nous sommes tous des êtres sexués, point. Nous pouvons tous déterminer notre sexe, point. À tout âge de la vie la sexualité est possible, à tout âge de la vie le choix du sexe est possible, point. N'utilisez plus ni madame ni monsieur, il faut introduire dans la langue française un terme neutre similaire à l'allemand *Mensch*.

---

22 Je suis là inspiré de Michel Onfray, qui a démythifié la logique imparable de l'affabulation freudienne (refuser le divan, c'est la preuve qu'on refoule) in *Le crépuscule d'une idole*, Grasset, 2010. Nous allons voir par la suite qu'il est possible de faire des liens entre les affabulations psychanalytiques et les ressorts secrets de la bien-pensance. De pures coïncidences ?

- Au domaine de la *géographie* cela donne le mouvement
  « no border » : les frontières sont une idée, il faut en bannir
  le mot mais aussi toute représentation concrète. Et rien ne
  sera détruit (ni mur ni barbelé ni point de contrôle des
  douanes), car ne seront détruites que des matérialisations de
  choses qui en fait n'existent pas. La pirouette est belle !
  Tous les individus doivent circuler sans limite, car il
  n'existe aucune limite. Des groupes ont des cultures différentes, des us et coutumes différentes, cela ne crée-t-il pas
  de facto certaines délimitations ? Non, car les différences
  entre ces groupes ne sont que des vues de l'esprit, il ne peut
  donc pas exister de délimitation, donc le terme même de
  délimitation est à bannir parce qu'il n'a aucune signification concrète.
- Au domaine de l'*histoire* cela donne l'interdiction totale
  d'enseigner une histoire commune à un peuple, à une
  nation, à un territoire géographique (car, vous avez compris, ces termes ne correspondent à aucune réalité). Nous
  avons tous la même histoire, une histoire commune à tous
  les êtres du monde, et à l'école la seule chose qui soit possible de faire est de présenter à l'enfant des faits, des cas
  précis (une date, un lieu, une action) et l'enfant doit décider
  seul de ce qui s'est produit réellement. Il ne peut en être
  autrement, car sinon (vous avez compris) les histoires offi-
  cielles sont de pures créations de l'esprit (des groupes
  dominants cela va de soi).
- Dans le domaine de l'*éducation*, toutes les différentes
  filières doivent disparaître ainsi que toutes les disciplines.
  Ainsi au collège la moitié du temps d'enseignement est
  devenu « interdisciplinaire », et les « projets personnali-
  sés » se multiplient. Tous les élèves doivent recevoir le
  même enseignement. Tous les élèves ayant les mêmes capacités mentales (penser autrement relève de catégorisation
  subjectives, ts ts ts !), le redoublement ne fait aucun sens et

tous peuvent prétendre à l'université. Des programmes exigeants (au niveau du contenu comme au niveau de la compréhension et de la logique) sont inutiles, car ils engendrent une hiérarchie des élèves selon leurs compétences. Or une telle hiérarchie ne peut-être, vous devinez, qu'une création intellectuelle, une vue de l'esprit, forcément subjective. Donc il faut la bannir. Les notes doivent être supprimées, car ce sont des évaluations subjectives, inventées de toute pièce. Il faut que l'enfant s'auto-évalue. Déjà que les classes de niveau ont été supprimées, il faut maintenant supprimer toute hiérarchie de compétences de formation entre les différents établissements scolaires : pas un lycée ne doit obtenir plus de réussite au bac que les autres. Évidemment, brevet et baccalauréat sont superflus, ce ne sont que des évaluations subjectives qui mettent l'accent sur telles capacités plutôt que d'autres, ce qui ne correspond pas à la réalité parce que nous avons tous les mêmes capacités.

• Le reformatage de la réalité par l'idée touche aussi nos *vêtements*, qui deviennent de plus en plus unisexes (cols à fourrure, collants, tailleurs, escarpins sont maintenant disponibles pour les hommes). Après tout, comme les seins et le pénis n'existent pas, on peut s'attendre à voir dans les prochaines années des sous-vêtements unisexes. Ainsi les transsexuels ne se sentiront-ils plus gênés en passant d'un sexe à l'autre ! Le monde de la haute couture s'est emparé de cette formidable théorie et à travers la haute couture cette théorie idéaliste essaime dans tout le domaine du vêtement.

• Pour en finir avec cette liste des victimes, parlons *argent*. L'argent est bien sûr une création, une création des riches pour contrôler les pauvres, cela va de soi. Comme l'argent n'a aucune réalité, il faut sans hésiter le répartir également entre tous les individus. Rémunérer plus un travail qui demande plus d'effort ? Bien sûr que non, car qui peut se permettre de juger un travail plus difficile qu'un autre, une telle évaluation est une création de l'esprit, donc... circulez il n'y a rien à voir, vous serez écrasés d'impôts et de cotisations jusqu'à ce que toute la population soit au même niveau de revenu. Aucune tête ne doit dépasser, car nous sommes tous égaux. Ce « rééquilibrage » va durer un peu, vu que les individus sont libres de circuler à leur guise, l'harmonisation des revenus doit s'accomplir à l'échelle du globe. Ce n'est que justice, un juste retour des choses et c'est logique, car les colons ne s'étaient-ils pas adjugés le droit de disposer des autres êtres humains, droit qui est une pure création intellectuelle ?

Ces derniers éléments sont effectivement sensés, et toutes les petites vérités sont accueillies à bras ouvert et sont utilisées telles des pierres d'angle et des clés de voûte pour « sceller » la grande maison planétaire de la « vraie » réalité, celle qui n'est pas construite par les groupes dominants. Si l'on peut penser que tous les hommes sont égaux, alors c'est qu'ils le sont. Point. Circulez, il n'y a rien d'autre à penser ! Tout vocabulaire laissant entendre une autre vision du monde doit progressivement être banni.

Vous aurez remarqué que ce changement de la réalité par le changement des mots, s'accompagne d'une tendance à l'égalitarisme. Nous allons bientôt préciser cela. Remarquez aussi que cette méthode d'altération de la réalité est auto-destructrice, pour elle-même et pour la société. Ainsi nous devrions vivre selon des règles que nous n'avons pas créées ? Pour le dire de façon un peu vulgaire, c'est se mettre la tête dans le cul en prétendant qu'on ne se met pas la tête dans le cul ! Attention l'imposture ! Pourtant il semble que cela en fasse jouir certains, à gauche surtout.

7 UNE POLITIQUE QUI NE DIT PAS SON NOM

Vous aurez reconnu dans cette liste des victimes le programme politique (ou l'idéologie) de la bien-pensance, en fait de la gauche actuellement au pouvoir. Le dénominateur commun des socialistes est donc l'assurance d'être supérieurs, d'être mieux éduqués, car ils ont compris que la réalité c'est les mots, et que changer la réalité consiste à changer les mots. Ce programme embrasse tous les lieux, toutes les échelles, tous les individus, toutes les activités, tous les domaines. C'est cette même assurance qui motive les chiens de garde de la bien-pensance (des associations anti-racistes et anti-fascistes que je ne nommerai pas). Ces « gardiens » n'hésitent pas à porter devant la justice la première personne qui utilise de façon un peu trop médiatique les termes « bannis » par eux. Pas de plainte, mais des signalements aux procureurs, des invitations à la dénonciation. Les associations se contentent de se porter partie civile et d'exiger des dédommagements financiers. Telle personne, tel hebdomadaire ou telle association, peu éduqués cela va de soi, sont alors conspués comme inspirateurs de haine raciale – et fasciste aussi, ça ne coûte pas plus cher – par tous les grands médias. Médias qui sont quasiment tous de gauche. La bien-pensance contrôle le vocabulaire, la politique, les médias, la justice. Heureusement, une résistance existe, de nombreux politiciens et intellectuels ne sont pas dupes, et le peuple est derrière eux, car le peuple se fie à son bon sens (même si celui-ci est en danger de par la déconstruction de notre système éducatif).

8 ENCORE UN APERÇU DE L'ORIGINE DU MAL

Comment mieux nommer cette méthode de changer le réel en changeant les mots ? Je propose le terme de *syntonie*, en référence au film *Dark City* de Alex Proyas, dans lequel le héros a la capacité de modifier la réalité par sa pensée. Quels penseurs, ou quelles, organisations sont à l'origine de cette « méthode » ? Dans quelles conditions a-t-elle émergé ? Qui l'enseigne actuellement ? Pourquoi ce refus de la réalité matérielle, concrète ? Car je suis persuadé que c'est bien le refus de la réalité qui est prédominant chez ces personnes qui utilisent systématiquement la syntonie, comme mon interlocutrice et le créateur de la boîte à outils anti-raciste. Il est vraisemblable qu'ils n'aient même pas conscience de cela. C'est avec surprise, et avec joie, que je constate alors que cette réflexion m'a mené dans les pas d'un grand philosophe, Michel Onfray. Je pensais que la phrase suivante « et les mots furent bannis, et la réalité n'avait jamais existé » convenait très bien pour décrire la syntonie et donc la bien-pensance. Le philosophe Michel Onfray l'exprime plus directement avec sa formule « le réel n'a pas eu lieu », formule que maintenant je comprends donc pleinement.

Que dire de la vie des adeptes de la syntonie ? Comment vivent-ils au jour le jour ? Car la syntonie est comme un carcan de l'esprit : le syntoniste ne peut pas voir la réalité comme un matérialiste la voit. Le syntoniste est de facto incapable d'objectivité, comme si son œil avait le pouvoir de décider que ce qu'il voit n'existe ou n'existe pas. Michel Onfray explique en diverses occasions que bien des gens ne vivent que dans l'abstrait, ne connaissent que les livres, les paroles, les discours, les films, les conférences, la vie hors-sol des grandes villes. Aussi, ils ne pratiquent aucune activité manuelle ou concrète. Ces gens pensent donc que le réel, c'est d'abord les mots. Et pour certains, par la force des habitudes et par l'oubli de ce qu'est la réalité concrète, le réel finit par n'être que des mots[23]. Voilà nos syntonistes identifiés (que le philosophe ne nomme pas ainsi).

Donc, faire évoluer le réel consiste pour ces gens à faire évoluer le sens des mots, à en bannir certains, à en créer de nouveaux. La syntonie s'apparente à une pensée sectaire, avec la trinité prosélytisme / éducation / exclusion. La syntonie se prête tout à fait à la manipulation mentale : elle est partiellement correcte (la réalité est *à la fois* matière et description intellectuelle) ; elle s'applique à tout ; elle s'auto-justifie ; nul besoin de faire de longues études pour devenir syntonistes. Ces gens bien-pensants sont ils alors plutôt les victimes d'un embrigadement mental ? Certains politiciens de droite ont parfois glissé cette allusion dans leur discours avant les élections régionales de décembre 2015. J'avais d'abord pensé qu'ils faisaient allusion à la franc-maçonnerie, organisation discrète qui est notoirement derrière le PS. Ou peut-être faisaient-ils allusion à l'Ordre du Temple Solaire qui selon certaines sources infiltre la franc-maçonnerie, donc le PS. Je ne sais pas si ces politiciens de droite avaient identifié la syntonie en tant que telle.

9 APERÇU DE L'OBJECTIF FINAL DE L'ENNEMI

Voilà, j'ai enfin mis le doigt sur ce mal qui ronge la politique française, autour duquel je tournais dans les textes précédents sans être parvenu à l'approcher au plus près[24].

---

23 Pour comprendre cet état d'esprit, pour l'endosser un instant, je vous recommande de lire *Les mots* de Sartre. Sartre se présente lui-même comme quelqu'un qui découvre le monde non par l'interaction avec la réalité mais à travers les livres.

24 Ce mal n'est pas le seul, il y aussi celui-ci : à droite comme à gauche l'abandon de la devise nationale se traduit par une pléthore de lois injustes, de subventions subjectives, de mauvaise gestion de l'argent du contribuable. Ce mal alimente l'anarchie (anarchie économique du marché et du travail au noir, anarchie écologiste). La tête pourrit, la main aussi.

Sachant cela, il est possible d'inférer vers quelles catastrophes les adeptes de la syntonie qui travaillent dans les institutions nationales emmènent le pays. Les syntonistes nous emmènent vers :

- l'école au rabais avec la fin de l'exigence intellectuelle des aînés envers la jeunesse ;
- la ponction fiscale des comptes en banque pour faire sortir l'argent de France afin de le redistribuer de par le monde ;
- la victoire des sectes islamiques parce que en fait ce ne sont pas des sectes et que la guerre qu'elles nous mènent n'est qu'une vue de l'esprit ;
- la fin des blancs pour cause de métissage massif suite à l'ouverture totale des frontières ;
- la fin des forces de maintien de l'ordre (police et gendarme- rie) de par une relativisation permanente de la gravité des délits, qui elle-même entretient la baisse des fonds de fonc- tionnement ;
- bref la fin de la Nation Française.

Ces visions peuvent sembler excessives, mais *du bannisse- ment des mots à leur interdiction sous peine de poursuites judiciaires, pénales, il n'y a qu'un pas.* De la non-reconnais- sance des différences entre les individus, on passe facilement à leur interdiction. Le processus est déjà amorcé, les associa- tions de chiens de garde de la syntonie, antifascistes et autres, tracent la voie. Sous couvert de motifs tels que plus de liberté, plus d'égalité, avec leur méthode syntoniste les bien-pensants préparent l'avènement d'une nouvelle forme de régime despo- tique.

10 UNE COMPRÉHENSION APPROFONDIE

Identifier et nommer la syntonie, comprendre son utilisation par les bien-pensants, fut pour moi une illumination. Je laissais quelques jours passer, et petit à petit des éléments supplémentaires m'apparurent, qui complètent la description et l'explication du phénomène. Ils commencèrent à s'assembler en un grand système : je comprenais alors l'ampleur véritable de la bien-pensance.

10.1 Un objectif ultime

L'idéalisme n'est pas une philosophe récente, la méthode syntoniste de changer les mots pour faire croire que le réel n'a pas eu lieu ou qu'un autre réel a eu lieu n'est pas non plus récente. Cette philosophie et cette méthode ne suffisent pas à fonder une politique. Car la bien-pensance est un programme politique, le programme de la gauche de François Hollande. Pour fonder une politique, il faut un objectif ultime. Quel est-il ? Quel est cet objectif qui pousse les écrivains, les artistes et les journalistes de gauche à déconstruire sans cesse le réel, en fermant les yeux d'une part sur certains faits, en renommant certains faits d'autre part (c'est la « novlangue » de la gauche ?

J'ai déjà montré que les adeptes de la syntonie ne cherchent pas à déconstruire une chose en particulier. Ils déconstruisent tous azimuts. Pourquoi ? Car dans leur esprit il s'agit de donner à l'individu un *maximum de liberté*. Et cette liberté n'est maximale que si au préalable les individus n'ont pas d'histoire (écrite par les groupes dominants), pas de futur (programmé par les groupes dominants), pas de différence entre eux (enfin qu'aucun ne devienne soit un abuseur soit un abusé). *L'être libre est un individu parmi des milliards de ses semblables, il est ici et il peut aller partout, il n'est retenu par aucun passé, il n'est entravé par aucun individu, il est peut tout tenter.* Voilà le grand objectif qui fait de la bien-pensance de gauche un programme politique.

10.2 Cosmogonie et piliers de la bien-pensance

Revenons sur l'assurance des adeptes, leur conviction de posséder la vérité, de devoir éduquer le peuple en ce sens, leur refus de dialoguer avec les personnes qui ne pensent pas comme elles. C'est un comportement sectaire, et les sectes se caractérisent une forte auto-justification, avec des pensées en boucle. Je continue à réunir ce qui est épars : je peux maintenant à ce stade de la réflexion introduire un élément étranger. Michel Onfray a montré en 2010 comment la pensée freudienne a pris place dans la sociologie française. Je propose l'idée que *la pensée freudienne vient soutenir la syntonie*. Les adeptes syntonistes nient la réalité de la matière, la matière est pour eux une idée comme une autre. Bien sûr, les adeptes n'appliquent pas la syntonie à elle-même, quand bien même la logique voudrait qu'ils s'autodétruisent[25]. Ils peuvent se poser la question d'où provient la syntonie (ils peuvent le faire, quand bien même l'idéalisme rend cette question superflue). Mais la pensée ne pouvant venir de la matière, de la biologie, d'où alors ? On peut envisager une origine supérieure : Dieu, une divinité ou la noosphère[26]. On peut aussi envisager une origine inférieure : non pas le corps et la matière, mais... l'inconscient. Voilà donc une autre auto-justification : l'inconscient est à l'origine des mots, et il n'est alors plus du tout besoin du monde matériel ! Les théories fumeuses de la psy-

---

25 Il me semble que les mauvaises idées se détruisent nécessairement d'elles-mêmes, de par les incohérences, les contradictions et les répétitions qu'elles contiennent.

26 Partie du monde où « vivraient » toutes les idées, et à laquelle nous serions tous connectés, d'une manière subtile (magnétiques disent certains, pour ne pas dire occulte). Quand nous mourons la noosphère demeure. L'enfant en grandissant élargit son lien avec la noosphère, rien n'est inventé, tout n'est que « descendu » de la noosphère dans les esprits individuels. Notez que l'idée de noosphère n'implique pas la non-existence d'un monde matériel, biologique.

chanalyse[27] et la bien-pensance font bon ménage. C'est une *cosmogonie*, une représentation de l'origine du monde. La réalité naît dans l'inconscient. Nous voyons maintenant claire-ment exposés les quatre piliers de la bien-pensance :

1. une cosmogonie : l'inconscient engendre les mots et les idées ;
2. une philosophie : le monde est constitué des seuls mots et idées ;
3. une méthode : pour changer le monde il faut changer les mots, leur sens, en supprimer et en créer de nouveaux ;
4. un objectif ultime : la totale liberté des individus dans une société totalement égalitaire.

10.3 Tout doit être englobé

Les sectes se caractérisent aussi par l'extrémisme et la volonté tentaculaire (la volonté d'être partout). Idéalisme, syntonie et objectif de liberté totale ne sont pas en soi nocifs, sauf évidemment quand on les porte à l'extrême. On a vu à quoi conduit la syntonie systématique : que de conséquences profondes néfastes pour notre société française ! L'objectif de liberté porté à l'extrême conduit, curieusement, à l'égalita-risme, à l'homogénéisation des nations, des cultures, des indi-vidus, des sexes ; in fine il conduira à l'homogénéisation des pensées et donc à la fin de l'esprit critique (fin de l'esprit cri-tique chez les journalistes, dans les livres prétendant trans-mettre du savoir et fin de l'enseignement de l'esprit critique à l'école – voyez que nous entamons déjà ce chemin). Il y là les *ferments d'une dérive totalitaire*, sous couvert de progrès des libertés. Les adeptes de la syntonie ne se conçoivent pas comme des extrémistes mais comme des personnes raison-

---

27 L'inconscient freudien et/ou l'inconscient collectif et les archétypes jungiens : des arrières-monde totalement superflus selon Michel Onfray.

nables et déterminées. Le fait que leur philosophie, leur méthode et leur objectif soient enseignés dans les universités et les « hautes » écoles leur donne (selon eux) une aura de rationalité et de respectabilité. La douce et sage folie...

J'avais déjà rencontré ces idéalistes par le passé, dans une autre situation, mais sans les identifier comme tels et donc je n'avais pas compris la rudesse des controverses associées à leur présence. Je les avais rencontrés dans les sciences naturelles, lors mon DEA d'histoire et de sociologie des sciences et des techniques. En effet, de nombreux sociologues sont venus dire aux scientifiques des sciences « dures », à travers des articles et des livres, que leurs objets de recherche étaient des constructions mentales. Que les lois de la physique avaient été inventées. Ces sociologues sont repartis « la queue entre les jambes », car aucun physicien, aucun biologiste, aucun médecin ne peut admettre une telle philosophie. L'évolution des espèces, l'électron, le plasma, le laser ne sont pas de pures créations de l'être humain ! La réalité matérielle existe ; ce n'est pas parce que l'on imagine une théorie inédite que forcément elle est existe[28].

10.4 La vraie-fausse union mystique

Après avoir identifié une cosmogonie, une philosophie, une méthode et un objectif ultime, puis l'extrémisme et la volonté tentaculaire, nous discernons maintenant que la bien-pensance encore une autre caractéristique propre aux sectes. Les sectes

---

28 Je reviendrai sur cela plus loin, car cette tentative d'entrisme est du pain béni pour les pseudo-scientifiques, les charlatans et les gourous scientifico-mystériosophes. Ces personnages affirment mieux comprendre la réalité que les scientifiques et prétendent, en plus d'expliquer la télépathie, la psychokinèse, la guérison à distance, etc apporter de la sagesse dans votre vie quotidienne. Selon certains d'entre eux, le monde quantique explique même les relations de voisinage, c'est tout dire !

sont généralement des spiritualités perverties. Et dans quasiment toutes les spiritualités, un des objectifs des adeptes est de réaliser *l'union avec le monde*. Il s'agit de vivre l'expérience que nous ne sommes pas séparés du monde, que nous sommes une partie de lui en même temps qu'il est en nous. La fusion dans le grand tout, pour le dire simplement. Par cette fusion on revient aux origines de la vie (en théorie...), avant que les dieux ou autres créateurs du monde ne se soient séparés de leur création et aient scindée celle-ci entre les humains et la Nature. Je crois que les bien-pensants les plus extrémistes sont persuadés d'avoir réalisé cette union mystique. D'une part, car celui qui se fixe un objectif qu'il pense ultime, pense revenir à la pureté de l'existence initiale. D'autre part, très prosaïquement, car les bien-pensants sont des idéalistes, donc des cartésiens qui vivent avec la maxime de Descartes « je pense donc je suis ». Mais comme pour eux, la pensée c'est le monde, ils prolongent la maxime cartésienne d'une façon monstrueuse : « je pense donc je suis donc je suis le monde ». La pensée est le monde, la pensée est en moi, donc je suis le monde. L'union. La Vérité. En moi sont toutes les facettes du monde, et donc ma pensée est universelle.

Bref, une fois les quatre piliers de la bien-pensance posés, on glisse facilement vers une forme de mégalomanie.

11 ENDIGUER LE MAL

Il faut agir pour prévenir, et il faut agir dès maintenant parce que les premiers symptômes des souffrances engendrées par les syntonistes sont là. Voyons d'abord comment agir au niveau théorique, et nous verrons ensuite comment agir concrètement. Nous allons appliquer la pensée du « juste milieu » et nous ferons ainsi taire l'ami bien-pensant.

11.1 Déconstruction de la façon de penser

Je vous propose de déconstruire le déconstructivisme et de renouer avec la réalité, grâce à la pensée du *juste milieu*. C'est un travail un peu fastidieux que de reprendre point par point les idées des adeptes pour les contrer. Mais pensons, pour nous réjouir et nous motiver, que nous allons ainsi nous aussi faire notre boîte à outil, une « boîte à outil pour faire taire un ami bien-pensant » !

11.1.1 Restreindre l'idéalisme

Commençons par les limites de l'idéalisme et par la question « qu'est-ce que le langage ? ». Question a priori rébarbative, mais dont la puissance logique de la réponse nous sera très utile. Aux grands maux les grands remèdes.

Le langage est une suite de mots tels des perles sur un collier : les perles sont les mots, le fil qui les traverse et les enchaîne est la logique[29]. Pourquoi le langage ? À quoi sert le langage ? Il sert à exprimer d'une part les sentiments, les idées, les volontés, d'autre part les phénomènes du monde qui nous entoure. L'expression n'est pas statique, on exprime toujours un déroulement, une suite, une succession : ainsi dans une phrase on dit que tel sentiment succède à tel fait qui engendre telle idée qui à son tour engendre tel sentiment, et ainsi de suite. On ne dit pas « chat oiseau manger mort repus » mais « le chat mange un oiseau et la mort du second permet au premier d'être repu ». C'est un mouvement, une dynamique. Entre les mots il y a donc des articulations, et celles-ci ne prennent pas n'importe quel angle : uniquement les angles autorisés par les lois de la logique. Dans la vie quo-

---

29 Je m'excuse encore, cette fois auprès des linguistes, car je sais que ma présentation de la structure du langage est partielle. Mais c'est là ce que j'en comprends, et je ne veux qu'user de mon droit à dire comment je comprends les choses.

tidienne, majoritairement, chaque mot possède une seule signification : un mot une chose, un mot une action, un mot un sentiment, un mot une idée. Les définitions sont *univoques* : ainsi dans notre travail quotidien utilisons-nous des mots dont la signification est bien établie, car les mots à double-sens peuvent conduire à des erreurs. Imaginez de tels mots dans la procédure d'utilisation d'une machine pour emboutir les tôles ou dans vos feuilles de déclaration d'impôts ! Oui, je l'admets, pour ce qui est des impôts, ce ne saurait être pire que la situation actuelle...

Retour au sérieux. En science, il est essentiel que chaque mot n'ait qu'une seule signification. En littérature les mots peuvent avoir plusieurs significations : sens figuré (abstrait) et littéral (concret). Par exemple la force (des muscles) ou la force (de volonté), le nez (pour apprécier un bon parfum) ou le nez (pour dégoter une bonne affaire), la crème (fraîche) ou la crème (la crème de la musique, c'est-à-dire le meilleur de la musique). On peut aussi distinguer le sens moderne et le sens étymologique d'un mot.

Le lien entre un mot et la réalité, entre le mot et la chose matérielle qu'il désigne, est assez simple à comprendre : la faim désigne une sensation précise, la douleur une sensation précise, la honte une autre sensation, etc. Mais comment peut-on être sûr que la succession des mots correspond elle aussi à une réalité ? Grâce à la logique : la logique existe à la fois dans notre intellect et dans la réalité. Les mathématiques sont la preuve que la logique est à la fois abstraite (dans notre intellect, dans notre langage) et concrète. Je m'explique : les mathématiques sont une invention de l'intellect humain. Dans la Nature jamais on n'a vu et jamais on ne verra les signes $+$, $-$, $=$ et les symboles 0, 1, 2, 3, phi, log, racine, etc. Ces signes et symboles sont des inventions humaines, mais les relations qui existent entre ces signes et symboles, curieusement, ne dépendent pas de notre volonté. $2 + 1$ font trois et non autre chose. La mise au carré n'est pas la mise au cube. Le résultat de 6 / 3 n'est pas 4 ou 1 mais 2, 2 et pas 2,00 001 ou 1,999 999. C'est pour cela qu'en mathématique, au même titre qu'en physique, on peut faire des *découvertes* : on peut découvrir un signe, un symbole, et les successions possibles de nombres que ces signes et symboles permettent. Ainsi la représentation graphique de la fonction racine carré n'est pas la même que celle de la fonction racine cubique. Les mathématiques, donc la logique, ont une identité duale : ils sont notre création, mais en même temps ils ne dépendent pas de nous. Ce sont donc des intermédiaires adéquats pour faire le pont entre le monde naturel (dont les lois ne dépendent en aucune façon de notre bon vouloir) et notre intellect (où règne en maître notre libre-arbitre, notre liberté de penser et notre volonté)[30].

Nous en arrivons à la pensée du juste milieu : tout ce que nous voyons est *à la fois* un mot, inventé par nous, et une chose réelle, concrète. Certes, on peut objecter qu'on ne désigne jamais une chose dans sa totalité mais seulement en partie. Cela ne change rien à mon propos : le monde tel que nous le percevons est à la fois dans notre esprit et dans la réalité. On a certes la liberté d'inventer des mots qui ne correspondent à rien, je vous y invite. Lewis Carroll avait inventé le jaberwookie, j'invente le tagofus. Bon voilà, c'est fait, et maintenant ? À quoi sert le tagofus ? Pour être certain que l'on ne me critique pas, je vais affirmer qu'il est à l'origine de toutes choses, ou à la fin de toutes choses ou qu'il est à l'inté-

---

30 Pour le profane en mathématiques que je suis, je trouve que cette identité duale est remarquable. Je trouve également remarquable la capacité de discrimination des mathématiques, c'est-à-dire de pouvoir départager deux chiffres qui ne diffèrent qu'a six zéros après la virgule en indiquant que celui-vient de telle équation et celui-là de telle autre équation. C'est de cette façon qu'on a trouvé des planètes et des lunes : grâce à une infime, mais significative, différence entre les résultats attendus et les résultats mesurés. Quelle belle preuve de la concordance entre la logique dans notre intellect et le déroulement des faits dans la réalité !

rieur de toutes choses, mais que seuls des gens particulièrement éduqués, des « initiés » peuvent le discerner. Ce faisant,
je mets en application la philosophie idéaliste. Et vous voyez
que c'est une fumisterie. De cette façon on peut affirmer
l'existence de n'importe quoi, on peut affirmer n'importe quel
lien de cause à effet. L'histoire du roi nu illustre parfaitement
cela[31].

11.1.2 Restreindre la syntonie

Comme nous ne pouvons jamais décrire complètement une
chose, on en décrit certains aspects. Et il est possible que l'on
se trompe, que l'aspect en question n'existe pas ou soit mal
délimité. Alors, on peut légitimement faire évoluer le sens des
mots. C'est chose courante dans les sciences naturelles. Mais
jamais sans se départir d'une description de la réalité ! Le
concept syntoniste de « global village », par exemple, est une
négation de la réalité : grâce à lui les adeptes nient toutes les
différences culturelles. Ils font dans le même temps table rase
de toute l'histoire de l'humanité, et arguent que toutes les histoires de toutes les cultures ayant existé de par le monde jusqu'à présent doivent toutes déboucher sur un seul et même
type de société : la société de la totale liberté et égalité. C'est
bien plus facile de penser ainsi que de concevoir un monde où
des cultures différentes coexisteraient, n'est-ce pas ? Ça vous
évite la diplomatie. Et en plus ça se justifie soi-même : « Mais

---

31 Les conséquences de l'idéalisme peuvent être réelles et terribles. C'est ce qui
s'est passé avec le christianisme, les femmes et les noirs. On considérait que les
noirs et les femmes n'avaient pas d'âme, d'après l'Église, et qu'à ce titre il n'y
avait nul besoin de les considérer avec respect. On les blâmait, on les humiliait,
on les battait, on les violait, avec la caution de l'Église, parce qu'ils n'avaient pas
… quelque chose qui n'existe pas, l'âme. Le christianisme, un idéalisme forcené
et belliqueux. Le drame de l'humanité dans toute sa splendeur. La grande supercherie. Par l'idéalisme on peut tout justifier. Le libre penseur ne saurait caution-
ner cela.

n'est-ce pas évident, mais n'est-ce pas ce qu'il y a de plus simple ? Comment osez-vous penser que tel ou tel peuple n'aspire pas à la liberté et à être l'égal des autres peuples ? » vous rétorquera un bien-pensant si vous vous essayez, pour vous amuser, à le critiquer. Ils sont persuadés que la réalité qu'ils désirent doit s'imposer d'elle-même, car elle est logique. Ainsi un ministre des relations extérieures qui décrétait que la démocratie et les votes seraient instaurés en Libye après la création imminente d'un gouvernement d'union, et la démocratie fera barrage à l'État islamique. Dans un monde idéal... car éduquer un peuple à la démocratie ne se fait pas en claquant des doigts et en décrétant que la démocratie existe du jour au lendemain (de telles décrets irréalistes ridiculisent la position internationale de la France : il faut en finir avec cela).

11.1.3 Oublier la liberté totale

Le paroxysme de l'objectif de liberté totale pour tous est atteint avec ce slogan « il est interdit d'interdire » (que je n'ai personnellement jamais entendu prononcé, étant trop jeune). C'est l'anarchie, tout simplement. Trop de liberté tue la liberté. La liberté de chacun doit s'arrêter là où commence celle du voisin. L'épanouissement humain, donc la voie humaniste, nécessite le juste milieu entre contraintes et libertés.

Les extrêmes ne peuvent être que temporaires, les extrêmes ne peuvent que *rappeler* une direction, tout comme en mer les phares bornent les voies navigables des bateaux, mais les bateaux ne vont pas pour autant se rapprocher des phares jusqu'à se briser dessus.

11.2 Déconstruction des actions

Après ces paragraphes de gymnastique intellectuelle pour déconstruire l'assurance des syntonistes, venons-en à la déconstruction de leurs faits et gestes. C'est un peu fastidieux, il faut prendre point par point les domaines où sévit la syntonie : rapport entre les peuples, histoire, sexualité, éducation, économie, géographie... Nous irons à l'essentiel ; on trouvera chez d'autres auteurs tous les détails nécessaires pour constituer un contre-pouvoir de la bien-pensance[32].

11.2.1 Rapport entre les peuples, racisme et xénophobie

Allons au fond de ces termes : être raciste ou xénophobe, c'est ne pas vouloir se trouver à proximité d'une personne étrangère, ne pas vouloir travailler pour elle ou ne pas vouloir l'embaucher, ne pas vouloir lui rendre des comptes. Pourquoi ? Est-ce si grave de vouloir rester entre soi ? La diversité

---

32 Le mot contre-pouvoir a aussi souffert des attaques syntonistes. Ainsi aujourd'hui on comprend ce mot avant tout non pas comme ce qu'il signifie concrètement, c'est-à-dire un pouvoir contre un autre pouvoir, par exemple des militants armés contre des forces de l'ordre, des paysans-artisans contre des exploitants agricoles industrialisés, des citoyens refusant de payer des impôts injustes contre une administration qui estime ne pas devoir se justifier... On comprend désormais contre-pouvoir simplement comme une opposition verbale et intellectuelle. On dit ainsi à tort qu'Eric Zemmour est un contre-pouvoir des musulmans, qu'Alain Finkielkraut est un contre-pouvoir du ministère de l'éducation nationale, que les lanceurs d'alertes sont des contre-pouvoirs des entreprises multinationales. Le sens du terme a été dévoyé, car sa référence à la réalité concrète a été abandonné (discrètement). Mais le dévoiement n'est pas total. Il est juste assez fort pour que le peuple demeure rassuré par l'existence de personnes qui s'opposent aux actions d'un gouvernement fanatique. Cependant, ces opposants donnent seulement l'apparence de l'opposition, car ils restent au niveau des mots. En réalité il n'y a plus de menace concrète envers le régime au pouvoir. Pour illustrer, du chien il ne reste plus que le mot chien, et le mot chien ne mord pas. Toujours la syntonie, toujours la déconstruction du réel ! Mais ne soyons pas totalement pessimistes : le peuple, guidé par son bon sens, saura un jour retrouver et utiliser les vrais contre-pouvoirs.

d'une population est telle que, quelles que soient les lois en vigueur pour interdire le racisme, il y aura toujours des personnes indifférentes à la couleur de peau, de l'ethnie, de la communauté, du groupe..., il y aura toujours des personnes désirant rester entre elles, des personnes aimant circuler entre les cultures différentes et des personnes quittant définitivement une culture pour une autre. Si ces catégories n'existaient pas « naturellement », il aurait été impossible d'abolir l'esclavage par exemple. Et ces catégories ne sont pas figées. Ainsi le raciste est nécessairement xénophobe. Mais le xénophobe ne va pas nécessairement devenir raciste. Il a juste peur de ce qu'il ne connaît pas.

Quelles sont les limites à l'entre-soi ? Il y en a trois : refuser quelqu'un sur son apparence et son origine sans considérer ses qualités ; menacer physiquement une personne d'apparence et d'origine différente ; légitimer par des lois les deux types d'actions précédents. Donc en restant dans un cadre éclairé, humaniste, intelligent, sensible, nul besoin de bannir les différences entre les cultures, entre les ethnies... ni de bannir les mots noirs, maghrébin, juif, etc. Les syntonistes ignorent la tolérance, ils prônent l'homogénéisation. Ils prônent un « vivre-ensemble », mais ce terme de la « novlangue » désigne en fait un agrégat de personnes toutes similaires. Or, je reviens à la phrase de Saint-Exupéry : « Loin de me léser, ta différence, mon frère, m'enrichit ». Cette phrase est porteuse d'un vivre-ensemble humaniste, mieux dit d'une société humaniste. Comprendre nos différences, les accepter, donc les nommer de façon univoque, c'est cela la richesse d'une société progressiste. Certaines cultures peuvent évoluer si elles le veulent, d'autres peuvent rester au contraire à un certain stade, tant qu'elles ne nient pas la réalité (les questions de santé, d'écologie, de risque toxique...) *C'est un défi enthousiasmant pour chaque culture d'évoluer en intégrant des éléments d'autres cultures et les connaissances scienti-*

fiques et techniques, sans pour autant perdre son identité. Le racisme, à part le racisme bête et méchant qui s'arrête à la couleur de la peau, a souvent pour cause l'ignorance de la culture de l'autre : on ignore (ou on ne veut pas savoir) quelles sont les relations aux parents, aux grand-parents, aux chefs, à la parole d'autorité, comment sont éduqués les enfants, quel est l'importance du vêtement, comment le corps est-il soigné... dans l'autre culture. C'est d'ailleurs là l'authentique définition de la xénophobie, la peur de l'autre. La xénophobie est le constat d'un comportement, et non les causes ou le devenir de ce comportement, nuance. Là aussi c'est l'œuvre des syntonistes que d'avoir fusionné xénophobie et racisme, ainsi que racisme et haine. Les cultures sont différentes, nous ne sommes pas tous pareils au contraire de ce que veulent nous faire croire les syntonistes. C'est aussi un fait que les cultures sont plus ou moins homogènes, c'est-à-dire que dans certaines cultures le respect des traditions est plus important que dans d'autres cultures et que l'écart à la norme y est moins toléré. Chaque culture a le droit d'exister, mais attention ! Une guerre ouverte ou larvée entre cultures, dans un pays comme la France, n'a pas sa place. Tolérer les différences va de pair avec se mettre d'accord sur certains faits ou certaines notions. La culture locale du pays doit rester majoritaire.

Pour notre pays, notre culture est actuellement en danger. Danger de la perte des traditions liées aux activités et aux métiers de la campagne, danger de la perte de l'héritage littéraire et philosophique, danger de la perte du patrimoine culinaire, etc. Ce n'est pas parce que notre culture est en crise, qu'elle semble se vider de tout contenu, qu'on doit dénigrer la direction dans laquelle elle a évolué jusqu'à ce jour. Les bienpensants prennent son état pour la preuve de son erreur ontologique (ce serait parce que nous tenons à nos traditions que justement la culture française serait vouée à la disparition), et avec l'idéalisme les syntonistes légitiment les actions pour la détruire encore plus, pour hâter sa perte.

11.2.2 Histoire

Une nation, c'est un peuple et un sol, selon moi. Sur ce sol, délimité par le peuple en question, bien des destins heureux comme tragiques ont été partagés. Nous avons une histoire commune, et sans histoire commune nous n'avons presque rien en commun. Qu'est-ce qu'une nation sinon une histoire dans laquelle chacun peut se reconnaître ? Qui aujourd'hui regrette la fin de la royauté, des empires, de la puissance de l'Église catholique, entre autres évolutions ? Nous avons en commun cette histoire, cette stratégie évolutive matérialiste. Nul besoin d'un enseignement dogmatique de l'histoire commune : pour chaque grand événement l'enseignant expliquera que le peuple était partagé, que des alternatives existaient, que des non-dits ou d'anciennes rancœurs resurgissaient soudainement... Bref une histoire commune avec un œil critique, compréhensif à l'égard de nos ancêtres, qui doit inciter les élèves à garder vivants les acquis humanistes, à les utiliser, pour ne pas que les souffrances du passé soient vaines et se répètent. Dire comme les syntonistes que l'histoire est toujours subjective, donc qu'elle peut toujours être remise en question, amène à légitimer la remise en question des acquis humanistes. On tombe dans une totale relativisation, et l'on doit alors abandonner l'idéal d'améliorer l'Homme et l'Humanité, qui selon moi est indissociable de l'émergence de la société occidentale moderne. *Car à quoi bon lutter contre les injustices si d'avance sont posés que l'amélioration de l'Homme et de l'Humanité sont simplement des vues de l'esprit ?*

Le récit national contient une direction d'évolution. Certes, on peut affirmer (liberté d'expression et de conscience) que ce récit est une construction subjective et le nier. Réel ou fictif, on peut y adhérer, y croire. Les textes religieux ne sont pas autre chose. On peut les utiliser pour aider les personnes à gérer leurs sentiments, même s'ils sont fictifs. Avec les contes, cette logique apparaît clairement. Ainsi Clarissa Pinkola Estes, conteuse et psychanalyste, aide ses patients à l'aide de contes traditionnels, qui sont des contes fantastiques, où l'imaginaire se mêle à la brutalité de la réalité. Ces contes sont de pures inventions, et Estes pensent qu'ils ont été imaginés dans le but de soigner les cœurs et les esprits. La véracité d'un récit n'est pas toujours importante. Je crois que le récit national (qui va des Lumières à mai 1968) et la direction qu'il comporte sont parties intégrantes de la culture française. Les autres cultures présentes sur le sol français doivent faire l'effort de s'y adapter, mieux dit, doivent faire l'effort de l'incorporer, de le respecter et de participer à sa fructification.

11.2.3 Sexualité

Nos organes génitaux nous indiquent clairement si chacun de nous est homme ou femme. Des individus à la morphologie « mixte » existent, c'est un fait génétique que la science a confirmé depuis longtemps. Pour eux s'offre un choix de sexe social et biologique. Si des individus clairement homme ou femme veulent changer de sexe en prenant des hormones et en usant de chirurgie, c'est leur droit. Ils sont très peu nombreux à vouloir cela. Cependant, cela fait partie de la vie d'accepter le sexe avec lequel on est né, me semble-t-il. Pourquoi la sexualité serait-elle entièrement dictée par la société ? La biologie a nécessairement une fonction dans les préférences physiques au moment du choix du partenaire. Les bien-pensants ne veulent pas entendre cela, mais est-ce si grave, est-ce si « peu humain » d'être soumis à ses hormones ? Là encore, quelles que soient les lois, les coutumes, les usages, il y aura toujours des hétérosexuels en majorité et des homosexuels en minorité, quel que soit le continent. Et quelques individus qui se déplacent sur la ligne entre les deux. Pourquoi nier cette diversité ? Pour le dire crûment, il me semble que la théorie du genre promue par la bien-pensance de gauche est un prétexte dont se servent des femmes jalouses de la force des hommes et des hommes jaloux de la beauté et de la maternité des femmes. C'est une théorie qui abrite un refus du corps, car elle-même repose sur le refus de la réalité (l'idéalisme).

La syntonie est devenue pour certains homosexuels un moyen pour déconstruire aussi le père et la mère, et donc légitimer leur adoption d'enfants. Je pense que là aussi « il ne faut pas prendre ses rêves pour des réalités », il faut accepter la biologie. Il suffit de faire un enfant et de ne pas vivre sous le même toit avec le ou la génitrice, et d'alterner la garde de l'enfant. C'est la voie du milieu[33].

Un mot sur la gestation pour autrui (GPA). Attention, polémique ! N'est-ce pas là l'action des syntonistes que de répandre la pensée qu'une femme n'est pas nécessairement la mère du fœtus qui grandit en elle ? On ne peut pas ne pas penser que la GPA va de pair avec l'homosexualité, qu'elle en est le pendant. Les syntonistes brisent le lien traditionnel et biologique qui existe entre les mots « enfant » et « parent » : individus interchangeables, liberté maximale. Tous les individus sont égaux, tous les individus sont interchangeables, tous les enfants sont interchangeables. Triste idéal de société !

---

33 Les syntonistes exècrent l'expression « ordre naturel » : un père, une mère, un enfant, des liens de dépendance et de responsabilité entre enfant et parents qui ont une base biologique. Certes, on peut décider arbitrairement que ces liens sont une construction culturelle ; il n'empêche que tout enfant abandonné ou adopté cherche instinctivement ses géniteurs, pour recevoir d'eux un héritage émotionnel et de connaissance (histoire de la famille et de l'abandon). Ces liens parent – enfant sont une vérité ; plus exactement ils sont un aspect inaliénable de la condition humaine. Vérité que l'on aime ou pas, on ne choisit pas sa famille. À ceux qui ressentent cette vérité, cet ordre naturel, les syntonistes n'ont pas le droit d'imposer leurs conceptions idéalistes.

Quand je pense aux couples homosexuels qui désirent un ou des enfants, je me dis « ah bon, il ou elle désire ce que son corps ne peut pas lui donner, il veut être comme une femme, elle veut être comme un homme. Ce n'est donc que ça. » N'est-ce pas un caprice ? La bien-pensance, c'est la non-acception de son corps, et le militantisme politique pour faire inscrire dans la loi, voire dans la constitution, que la non-acception de son corps est un droit. Et par voie de conséquence la légitimation de tout ce qui s'ensuit (mariage, chirurgie, hormones, GPA).

Je n'approuve pas cette homosexualité basée sur le refus du corps, mais j'accepte celle qui respecte le corps. Nuance ! Imaginons une ligne. À un bout, plaçons la moniale, à l'autre bout l'eunuque religieux. Nous avons donc une succession :

- la moniale ou la sœur
- la femme vivant seule par choix volontaire
- la femme homosexuelle
- la femme mariée sans enfant par choix volontaire
- la femme mariée avec enfant
- l'homme marié avec enfant
- l'homme marié sans enfant par choix volontaire
- l'homme homosexuel
- l'homme vivant seul par choix volontaire
- le moine, le prêtre catholique
- l'eunuque religieux

À chacun de ces états sur cette « ligne des corps » est associé un statut social, une marque d'honneur, qui *dépend* du corps (statut social positif ou négatif, mais là n'est pas la question). Un prêtre catholique qui voudrait un enfant par GPA : incongruité. Une moniale qui serait homosexuelle : incongruité. Ferveur reconnue de l'eunuque religieux, du moine et de la moniale. Noblesse d'âme de l'homosexuelle et de l'homosexuel qui, pour accepter son homosexualité accepte de ne pas avoir d'enfant. Choisir c'est renoncer, dit le bon sens populaire. Parents avec progéniture : respect de l'ordre naturel, ordre ainsi admis par toute la société. Les célibataires ont autant une place dans la société que les couples avec enfants, et que les religieux et les homosexuels sans enfants. L'homosexualité qui accepte la non-descendance s'inscrit dans l'ordre naturel. Eh oui, la réalité est plus complexe que de souhaiter un monde idéal où tous sont égaux. Pourtant, cette complexité n'empêche pas l'action (méthode que j'ai aussi démontrée en proposant un abattoir halal qui serait compatible avec notre culture, p. 115).

Je suis conscient que mon argumentation sera vraisemblablement qualifiée de « nauséabonde » par la bien-pensance, voire de discriminatoire à l'égard de la minorité homosexuelle refusant le corps. Avec ces mots « nauséabond » et « discriminatoire » qui sont dans le langage ce que les jouets d'enfants sont aux ouvrages d'architectes, il ne peut qu'en résulter des bagarres dans la cour de récréation. Les enfants ne savent que Twitter (c), pleurer ou rire. On ne fait pas un débat d'adultes avec de tels mots, on ne fait aucune réflexion constructive. Là encore, l'idéaliste est un « jusqu'au-boutiste » : si on ne pense pas comme lui, il se dit choqué et il se sent supérieur parce qu'il prend son sentiment pour la réalité, et il pense qu'il a raison parce qu'il ressent la réalité de son sentiment[34]. « La réalité, ce sera toujours moi ». Et que font les parents pour ramener les enfants arrogants à la réalité ? Une bonne fessée – enfin, auparavant, car les bien-pensants ont aussi fait interdire législativement la fessée. Histoire d'inculquer au peuple inculte qu'il ne faut pas poser de limite à l'idéalisme...

Que l'on me permette un instant d'endosser la peau de l'enfant issu de GPA et élevé par un couple homosexuel. Je pense

---

34 Ça donne le tournis, n'est-ce pas ?

qu'inévitablement l'enfant posera des questions, avec toute l'innocence de l'enfance :

- Mamans, papas, pourquoi vous n'aimez pas les hommes / les femmes ?
- Mamans, papas, ça signifie que je n'aurai pas de petit frère / de petite sœur ?
- Dans le cas de lesbiennes avec un enfant mâle : Mamans, pourquoi je suis un homme et votre enfant, si vous n'aimez pas les hommes ?
- Dans le cas de gays avec un enfant femelle : Papas, pourquoi je suis une fille et votre enfant, si vous n'aimez pas les femmes ?

Imaginons la réponse des parents : « Parce que nous t'aimons plus que les hommes / plus que les femmes, parce que notre amour pour toi est plus grand que notre amour pour un homme ou pour une femme ». L'enfant ne pourra rien répondre à cette affirmation, car partiellement, intuitivement, vraie (l'amour absolu du parent pour son enfant). À la suite de ces réponses, au pire il entrera en confusion mentale, au mieux il restera avec une impression de « oui, mais... » sans pouvoir concevoir une suite logique. Il sera dans le flou, dans le doute, jusqu'à ce qu'il atteigne la force de caractère de l'âge adulte.

Après cette première série de questions, quand l'enfant aura compris que ses parents représentent le refus légitime du corps, il se demandera s'il peut faire comme eux (mariage gay, GPA, « cross dressing », changement de sexe). Il le leur demandera, et il leur demandera s'il est normal d'aimer une personne qui n'est pas du même sexe que lui. Nul doute que les parents répondront que tout est normal, que c'est permis parce que c'est un droit. Bref, on *frise* l'abandon de tout respect du corps, avec les contraintes inévitables que tout enfant doit comprendre et apprendre, pour prendre soin de son corps et demeurer en bonne santé. Les parents qui montrent l'exemple qu'en matière de sexualité tout est possible, peuvent-ils éduquer à l'hygiène corporelle ? Peuvent-ils enseigner que le corps a ses lois qu'il faut respecter ? S'ils le font, alors ils deviennent incohérents, car les lois du corps impliquent l'ordre naturel. Ou bien ils vont séparer le « corps sexuel » et le corps somatique, dire que pour le premier on est libre de faire comme on veut, pour le second on doit suivre les règles d'hygiène. Voyez-vous que la logique bien-pensante vous gagne petit à petit ? Il est difficile d'y être totalement indifférent, et c'est ce qui fait sa force. Je vous montre la porte de sortie : Cette logique bien-pensante est acceptable quand elle ne fait pas de prosélytisme, quand elle est restreinte à quelques individus. Ce qu'il ne faut pas, c'est qu'elle soit totalitaire. Hélas, avec le gouvernement de François Hollande, les syntonistes sont arrivés au pouvoir.

Je pressens derrière tout cela le rêve de pouvoir changer de corps à volonté, le rêve que l'être humain serait une pure âme qui endosse un corps et en change comme d'un habit. On frise la croyance (la crédulité ?) religieuse. Michel Onfray, entre autres, a bien montré comment par le passé le refus du corps et la dématérialisation de l'être humain a névrosé les populations. Encourager la GPA parce que l'on croit que l'âme est immatérielle, sans lien de cause à effet avec la matière, est une voie psychologiquement dangereuse pour l'individu, in extenso pour la société entière. Le christianisme a névrosé des populations entières par le refus du corps ; prenons garde de ne pas sombrer dans ce qui serait le contraire d'une névrose, une euphorie pathologique de contrôle total du corps.

11.2.4 Géographie

Détruire toutes les frontières, c'est inévitablement engendrer des mouvements massifs de population. Là où règne la pauvreté, la dictature, la guerre, plutôt que de tout faire pour résoudre les problèmes d'un pays, les habitants vont le quitter. C'est un réflexe de survie. Prenons le cas de la Syrie. Ne faut-il pas mieux que 60 % de la population meurt en se battant contre la secte islamique et contre un dictateur, et gagne la guerre, plutôt que ce pays se trouve partagé entre une dictature et une théocratie brutale pendant le siècle à venir ? Dans une démocratie établie, le dialogue peut remplacer les armes. En revanche, pour qu'une démocratie émerge là où règne un régime autoritaire, du sang doit inévitablement être versé. Je n'aime guère les paroles de notre hymne national, mais elles me rappellent cette dure réalité de l'histoire humaine. En France, nos ancêtres n'ont pas fait autre chose. Durant les guerres de religion, bien des protestants ont préféré rester plutôt que de fuir leurs terres, malgré les morts inévitables. En 1939-45, la résistance n'était pas autre chose. Ce sont peut-être là des phrases terriblement froides, cruelles envers ceux qui fuient les zones de guerre, mais la situation actuelle n'est satisfaisante pour personne : ni pour les Européens, ni pour ces millions de réfugiés qui quittent les zones de combat de Syrie et d'Irak pour venir s'entasser à nos frontières. Je suis persuadé qu'ils sont dépités de devoir quitter leur pays, de ne pas pouvoir offrir à leurs enfants un avenir dans ce pays. Déconstruire les frontières, c'est aussi une forme de déresponsabilisation.

Par ailleurs, même entre deux pays amis, pacifiques et démocratiques, les frontières ont une raison d'être. Elles rappellent qu'il existe une histoire commune propre à chaque pays. Pourquoi vouloir nier ces différences ?

11.2.5 Éducation

Non, les enfants ne sont pas égaux : ils tous des capacités différentes et des centres d'intérêt différents. Vous connaissez le dicton « il faut de tout pour faire un monde » ? Il faut simplement proposer aux enfants différentes disciplines avec chacune le même nombre d'heures d'enseignement. Il faut pour chaque discipline enseigner ce qui relève du travail intellectuelle (la tête), du travail manuel (la main) et de la vie émotionnelle (le cœur). Ainsi la discipline préférée et le mode préféré (tête, main, cœur) de chaque enfant se révéleront. Il faut bien sûr enseigner, au fil de l'apprentissage, comment passer d'un mode à l'autre. Des exigences doivent être fixées, il faut pouvoir dire à l'enfant ce qu'il fait bien et ce qu'il ne fait pas bien. L'adulte doit accepter que l'enfant ne peut pas maîtriser toutes les disciplines : à ce niveau il doit laisser un certain choix à l'enfant. L'important est que l'enfant acquiert *le sens de l'excellence* dans une discipline, ce qui passe par l'apprentissage de la concentration et du sens de l'effort, deux capacités qui ne sont pas intuitives et qui ne se bonifient que par la pratique.

Les enfants intellectuellement handicapés doivent être mis dans des établissements spécialisés : ils sont différents, il leur faut un programme adapté à leurs capacités, à leurs possibilités de stimulation, à leur rythme. Nier ces différences comme cela se fait aujourd'hui en scolarisant normalement les enfants handicapés leur est nuisible : ils ne peuvent pas développer de façon optimale leurs capacités, car leurs points faibles sont mis en exergue et leurs points forts ne sont pas assez stimulés. Cela empêche l'enfant d'atteindre le succès, donc de savoir ce qu'est la joie qui vient après l'effort.

Sur le point suivant, je rejoins la bien-pensance : il est correct de dire que tous les établissements en France doivent avoir le même niveau d'exigence. C'est un acquis humaniste que tous les enfants, quelle que soit la richesse de leurs parents, se voient proposés un programme éducatif qui les épanouisse pareillement. Chaque enfant a le droit d'apprendre l'excellence, dans la discipline qu'il affectionne, en partant du mode qu'il affectionne. Il en résultera une société de gens créatifs, donc une société apte à résoudre ses problèmes et à avancer.

Si l'on prolonge cette logique, il faut interdire l'enseignement supérieur payant. Les universités doivent pouvoir former des ingénieurs, comme en Allemagne. Là les universités forment des ingénieurs meilleurs que les ingénieurs français, qui eux sortent d'écoles privées particulièrement chères : cherchez l'erreur. L'élitisme à la française, ces grandes écoles privées et payantes où seuls les enfants des familles aisées peuvent aller, ces écoles censées former l'élite du pays et qui écœurent les Allemands parce qu'elle sont tout à fait contraires à l'idéal républicain du savoir universel, ne méritent plus le respect qu'on leur accordait jusqu'à présent. Curieusement, cette ségrégation tout à fait arbitraire ne choque pas les bien-pensants...

11.2.6 Économie

Les syntonistes font office d'idiots utiles : ils servent, sans qu'on ait besoin de le leur demander, les désirs des entrepreneurs et des financiers ultra-libéraux, c'est-à-dire ces personnes qui pensent que tout doit pouvoir être monnayé, que certains métiers ne doivent pas du tout payer d'impôts, que certaines activités peuvent polluer sans vergogne. Bref, en prêchant la liberté totale, les syntonistes incitent à l'anarchie économique. Éric Zemmour entre autres a bien identifié cela : les libertaires de mai 1968 vont de pair avec les capitalistes acharnés. Libertaires et libéraux forment un couple.

Les syntonistes sont aussi des idiots utiles en tant qu'ils détournent l'attention du peuple qui doit alors lutter sur deux fronts : combattre les bien-pensants égalitaristes et combattre les capitalistes anarchistes (ces 300 personnes qui détiennent 80 % des richesses mondiales). Ce double combat, en France, empêche d'accomplir des réformes essentielles : simplifier la législation économique et faire une imposition unique proportionnelle aux bénéfices de chaque activité (cf. mon programme politique *Circum 40*).

11.2.7 Moral

Les bien-pensants aiment à répéter que tout est culturel. Que l'humain dépasse le corps, donc la Nature, donc les lois de l'évolution naturelle. Certes, dans la société moderne nous aimons penser que ce n'est pas le plus fort qui impose ses lois, que la coopération prime, que le fort aide le faible. Il y a un trait de noblesse dans ce désir d'élévation ; je partage tout à fait cela. Certes, la société atténue voire gomme le tri des individus selon les lois de la Nature. Mais le tri continue : *la sélection culturelle remplace la sélection naturelle.* Les bien-pensants eux-mêmes, qui prêchent une certaine morale, départagent les individus entre ceux qui se rallient à leur cause et ceux qui ne sont pas de leur camp, en usant de mots d'enfants (nauséabond, relent, discriminatoire, facho-sphère, réactionnaire, haineux, barbare...) Au point que les anti-fascistes, poing armé de la bien-pensance, sont plus belliqueux et sectaires que ceux qu'ils entendent battre à coup de barre de fer. Dans les romans des écrivains bien-pensants, on ne compte plus le nombre d'incitations à la haine, de légitimation de la haine contre la pensée de droite et de l'ordre naturel. Tout personnage de roman à droite de la droite est nécessairement un néo-nazi, un raciste, avec lequel le héros du roman, un lieutenant de police parisien par exemple, répugne à parler. Les auteurs insistent sur l'effort du gentil héros pour contenir sa haine et ne pas frapper le nazi à la hauteur de ce qu'il mérite. Le masque est levé : la bien-pensance légitime la violence ; les antifascistes violents qui jettent des cocktails Molotov sur les policiers, policiers « cons au centre, fachos sur les bords » sont le dernier pilier, un pilier opératif, de la bien-pensance. Ils sont ce que les djihadistes tueurs sont à l'islam : des intolérables que l'on tolère. Des intolérables qui arrangent bien les modérés de la bien-pensance comme de l'islam, car ils leur permettent de poser un dilemme à la France : soit nous, soit eux. Or il nous appartient de ne pas accepter ce dilemme, ce chantage. Rien de sain ne peut être construit sur une telle base.

12 FAIRE DU LIEN ... TOUT SEUL

Toutes ces pages d'explications sur ma façon de comprendre la bien-pensance, j'aurai pu les dire face à face avec mon interlocutrice. Elle ne m'en a pas laissé l'occasion, je ne devais pas être assez bien éduqué pour elle. D'ailleurs elle trouvait ma réaction de la supprimer de mes contacts Facebook puérile. Mais en insinuant que j'étais raciste, moi qui aie grandi à l'étranger, qui aie dans la tête des paroles de chanson kanak sans en comprendre la signification mais en en appréciant la mélodie et l'énergie, que s'imaginait-elle ? Que j'allais lui garder ma confiance et ma maison ouverte ? La confiance se mérite ! Et puis, qu'aurait-elle répondu à cette longue explication ? Personne n'aime perdre ses désillusions. Elle devait être d'autant plus gênée que je suis un jardinier agroécologiste, donc à priori je devrais être sensible à cet état d'esprit « tout le monde il est beau il est gentil », « il faut recréer du lien », « on est tous copains », etc. qui caractérise ces (faussement) gentils et ouverts syntonistes citoyens du monde bien-pensants. Un jardinier écrivain, formé à l'université, qui a vécu de par le monde et en Allemagne, donc quasiment un « bobo » écolo et socialiste, devait-elle penser de moi avant qu'on ne se rencontre. Non mademoiselle, je ne rentre pas dans vos catégories, la vie n'est pas aussi simple ! Je ne suis pas tout à fait un « colibri », je ne suis pas tout à fait un adepte de « l'idéologie de la permaculture »[35]. Bobos et permaculture font bon ménage, mais je ne m'inscris pas dans cette façon de renouer avec la Nature, où tout est beau et mignon avec un joli site internet, une super « com ». Je suis un réaliste terre à terre, cf. mon prochain livre à paraître *Ombres au jardin – psychologie négative et éphexis du jardinage agroécologique.* Je ne rentre pas dans ce modèle d'agriculture qui fait du lien et qui plaît tant aux parisiens, ça s'appelle la diversité humaine. Et bien que les bien-pensants gentils bisounours prêts à s'asseoir sur vous pour vous étouffer aient toujours à la bouche ce mot de respect de la diversité humaine, il me semble qu'en fait ils ne veulent pas l'accepter. Ils n'aiment pas qu'on ne pense pas comme eux. N'est-ce pas une forme de racisme ou, pour utiliser un de leurs mots fétiches, de la *discrimination* ?

Pour en finir avec la bien-pensance, utilisons donc notre toute nouvelle « boîte à outil pour faire taire un ami bien-pensant » :

- 1er outil : non à la niaiserie idéaliste
- 2e outil : non à la novlangue
- 3e outil : non à l'égalitarisme néo-communiste
- 4e outil : non à l'inconscient freudien
- 5e outil : non à la gauche parti des élus qui ne représente qu'elle-même
- 6e outil : non aux antifascistes qui veulent instaurer la douceur bisounours par la violence barre de fer et cagoules

Et l'argument imparable, pour finir : si vous côtoyez des gens qui pensent différemment, c'est que vous n'aimez pas la différence. Comme tous les bien-pensants ! CQFD

---

35 Expression de Christophe GATINEAU. Site internet : www. lejardinvivant.fr, livre *La permaculture de 1978 à nos jours*, Éditions Sable fin, 2015.

SE REMETTRE EN QUESTION

1 UNE VÉRITÉ POLITIQUE ?

En politique, que ce soit à l'occasion d'un repas de famille ou durant une séance à l'assemblée nationale, une erreur courante n'est-elle pas de prendre ses opinions pour des réalités ? De prétendre détenir la *vérité* ? Prenons un peu de recul : la politique n'est pas une science naturelle. Une société n'est jamais rien d'autre que ce qu'on en fait. Aucune loi d'Homme n'est intransigeante, n'est inaltérable, comme le sont les lois de la Nature. Donc, en politique, l'idée de vérité est toute relative. Tout n'est-il effectivement pas permis ? Faire une constitution comme la défaire ? Les pratiques odieuses de certains élus pour détruire leurs opposants (chantages, écoutes téléphoniques, menaces...) font régulièrement la une des journaux télévisés et de la presse. Il faut dire que si les élus ont le pouvoir de faire des lois, certains d'entre eux franchissent le pas et pensent qu'ils ont donc le pouvoir d'agir en dehors des lois. Le privilège des créateurs en quelque sorte.

Si, en Homme moderne, on se met d'accord sur la nécessité de ne pas promouvoir les extrêmes, si donc on accepte de rester dans le cadre de la démocratie, existe-t-il une « bonne » façon de gérer la société, de l'accompagner dans la reconnaissance et la résolution de ses maux, et de l'engager sur des voies vers un futur qui serait « meilleur » que le présent ? Concrètement, peut-on dire par exemple que les sociétés d'Allemagne, du Danemark, de Suède, sont « meilleures » que celle de France, elle-même meilleure que celle d'Espagne ou de Grèce, car, dans un ordre décroissant, ces sociétés ont de « meilleures » règles de la vie politique, qui permettent donc l'aboutissement de lois plus « modernes » ? Ces premières sociétés sont-elles plus proches de la « vérité » politique que ne le sont ces dernières ? Voilà bien un débat, très vaste, qui ne se laissera pas résoudre. **Quatrième leçon politique : les opinions présentées dans cet ouvrage ne valent que pour moi**, et j'ai conscience que j'ai tort de les présenter comme pouvant être utiles à d'autres personnes que moi. Le poids d'une erreur de jugement ou de compréhension varie selon les expériences que la vie nous aura fait traverser : mon chemin de vie n'est pas le vôtre, ma conception de la politique n'est pas la vôtre.

En effectuant les relectures, je constate que je peux donner l'impression d'être imbu de ma personne, et cela m'amène à faire une autre erreur, celle de vilipender les élus et de manquer de respect envers la fonction politique. **Cinquième leçon donc : ne pas critiquer nommément un élu.** Se plaindre et se lamenter autant que faire se peut du « système », d'une idéologie liée à tel ou tel parti, oui. Personne, même à l'assemblée nationale, ne s'en prive. Mais viser une personne en particulier, non. « Ne fais pas à toi-même ce que tu ne voudrais pas que l'on te fasse ». Je ne peux pas nier les réflexions qui ont été les miennes, les insinuations que j'ai faites, je ne peux que m'excuser d'une façon générale auprès des élus qui se seront sentis visés.

En principe, l'élu se doit d'incarner la devise nationale. Mais personne n'est parfait, on ne saurait reprocher aux élus de se tromper. Peut-on leur faire des procès de mauvaise foi ? Comme partout il y a des crapules, et cela n'est pas une raison pour généraliser. **Sixième leçon : n'avoir aucun à priori négatif envers les élus.** Ne pas être une bille pour autant et toujours s'enquérir des tenants et des aboutissants d'une décision publique.

On sait aussi à quelles pressions les élus sont soumis : des groupes d'intérêts les sollicitent en permanence pour obtenir des « assouplissements » législatifs ou des projets de lois en leur faveur : représentants des entreprises locales comme des multinationales, ou préoccupations de la société civile représentés par les associations. Mais il est impossible de satisfaire tout le monde. **Septième leçon : en politique il n'y pas meilleur objectif que le compromis.** Être inflexible ne mène à rien – mes opinions et mon programme politique, rigides, n'ont aucune chance d'être un jour appliqués. En écrivant cela, je suis réaliste à contre-cœur : il faudrait nécessairement en abandonner certains pans, donc se résoudre à accepter qu'il perde sa cohérence. Je ne supporte pas l'incohérence, car elle finit toujours par empêcher de penser la troisième voie. C'est soi la chienlit actuelle qui perdure, soit mon programme. Les compromis sont le signe des mauvais programmes politiques, un bon programme politique ne se renie pas, s'il le doit il s'abandonne pour laisser la place à la troisième voie.

La tradition politique française des compromis nous a mené à la chienlit actuelle ; qu'on ne la confonde pas avec la Realpolitik allemande, qui est la méthode de prendre en compte toutes les aspirations et tous les points de vue pour construire un programme politique bardé de troisièmes voies, qui invente de nouveaux cadres et de nouveaux objectifs. La Realpolitik, c'est être le chef d'orchestre, comme Angela Merkel. La politique française des compromis, c'est évincer des musiciens et des instruments. Je vous laisse déduire dans quel pays on trouve les meilleurs œuvres politiques…

2 AUTO-CRITIQUE PRÉVENTIVE

En écrivant le préambule – après que les textes aient été rédigés, comme à mon habitude – j'avais décidé d'y amorcer une auto-critique et d'attirer dès ce moment l'attention du lecteur sur les limites et les défauts de mes textes. La réalité allait me confirmer dans cette voie. Environ un mois plus tard, je rencontrais lors d'une conférence sur l'agroécologie un fonctionnaire de l'administration (administration dont je tais le nom). Il me recommanda de ne pas publier de livre politique, *aucun* livre politique, même si c'est pour soutenir un parti, même si c'est pour le bien-être de l'humanité. Devant une telle recommandation, je lui demandais quels risques je pouvais bien encourir. Selon lui, mon nom sera inscrit dans un registre des citoyens qui s'expriment seuls sur la place publique. Ce registre, officieux, serait accessible à tous les élus, à toutes les administrations, et toute personne y figurant se verrait refuser systématiquement tous ses projets qui nécessitent l'accord écrit d'un élu ou d'une administration (entreprise, construction de bâtiment, association, conférence publique...) Mon interlocuteur m'expliqua que, vu mon niveau de formation et mon enthousiasme, en publiant un livre sur la politique je pouvais détruire toutes mes chances ultérieures d'activité professionnelle, tous mes projets. Conseil, intimidation, menace ? La rencontre avec ce personnage était-elle due au hasard ? Dans mon cours théorique d'agroécologie, j'explique clairement que l'administration de l'agroécologie (telle que je la comprends) est inutile, et que l'administration tend à proposer une définition de l'agroécologie qui ne correspond pas aux objectifs des pionniers de l'agroécologie. Bref qu'il y a anguille sous roche : l'administration essaie de récupérer à son compte le mot d'agroécologie. Il y a quelques années elle utilisait l'expression « agriculture écologiquement intensive », désormais elle utilise le terme d'agroécologie sans pour autant changer le contenu technique et législatif. Mon opinion est qu'on peut se passer d'une telle administration, et donc réduire le nombre de fonctionnaires. Ai-je attiré l'attention d'une grosse légume, comme on dit ? Mon interlocuteur m'expliqua qu'en France il ne faut jamais critiquer les élus, car on peut un jour avoir besoin d'eux pour demander une exonération de telle législation ou de tel impôt. Il me certifia que le clientélisme est une tradition politique française, que la France n'est pas l'Allemagne. Ayant fait mes premières années de vie active en Allemagne, il est vrai que j'abhorre le clientélisme politique : je pense que c'est une façon de se dispenser de faire évoluer les lois en même temps que de s'assurer la docilité des personnes ayant reçu le « traitement de faveur ». C'est un aspect trop « latin », comme on dit. Ces petits arrangements entre amis ne sont jamais innocents et déshonorent la fonction politique et l'administration.

3 LA PAROLE EST-ELLE LIBRE ?

Ces « recommandations » m'ont mis mal à l'aise. En France, le citoyen n'a-t-il pas légitimité à faire entendre sa parole dans l'espace publique ? Je peux constater, en effet, que pour les manifestations publiques, des salons ou des foires par exemple, les municipalités ou toutes autres structures publiques impliquées reconnaissent les entreprises et les associations, mais pas les particuliers. Si vous êtes seuls à vouloir faire, dans l'espace publique, une conférence sur les jonquilles par exemple, on ne vous l'autorisera pas. Formez une association de trois personnes, dont deux qui n'y connaissent rien aux jonquilles, et on vous y autorisera. Je peux constater aussi, en effet, l'absence d'opinions politiques dans la presse locale. Alors qu'une grave affaire de démission en masse des adjoints du maire de Saint-Lô prend presque chaque semaine une nouvelle tournure, on ne trouve qu'un silence feutré dans la presse. A-t-on peur d'en parler ? Est-ce dû au caractère taiseux des normands ?

La réalité n'est-elle pas plus simple ? Car les élus ne sont-ils pas élus justement pour penser et prendre les décisions *à la place* du citoyen ? Le citoyen peut sans danger s'exprimer à la seule condition d'être soutenu par un groupe, me précisait mon interlocuteur. Et si le citoyen passe par voie de presse ou de télévision il peut aussi s'exprimer sans risque, car le journaliste et le journal le soutiennent. En 2013 pour les élections municipales, dans une commune de la côte ouest du département de la Manche, un habitant avait distribué des tracts invitant à ne pas voter pour le maire en place. Suite à une plainte dudit maire pour diffamation, l'habitant fut condamné. De facto le citoyen est donc privé de parole dans l'espace publique.

On peut identifier une certaine logique dans cette privation de parole. Si tout le monde pouvait distribuer des tracts, ne serait-ce pas un trouble à l'ordre public ? De même que sur la rue, sur le trottoir, aucun rassemblement n'est autorisé sans accord signé de la mairie. Toute activité de vente, de distribution de tracts, de parole à voix haute, est interdite. C'est là un ensemble de lois qui fait consensus, et ce consensus est révélateur : on pense que sinon ce serait le chaos si chacun pouvait faire ce qu'il veut sur l'espace public. On sait que les Français ne s'encombrent pas trop des règles, au contraire des Allemands et des Anglais : attendre son tour au guichet, respecter les limites de vitesse (le premier avril 2016, sur une route limitée à 110 km/h desservant Saint-Lô, les gendarmes verbalisaient toutes les six minutes un conducteur à plus de 140 km/h), laisser les lieux propres (les trottoirs, les bords de route, les toilettes publiques notamment), respecter les espaces privés... L'indiscipline est un sport national. Quand j'habitais en Allemagne et que je passais souvent la frontière, il me semblait que cette impétuosité française requiert des règles et des lois bien visibles, concrètes, pour ne pas tourner à l'anarchie. Ainsi l'omniprésence de grillages, de clôtures barbelées, de murs autour des maisons françaises, quand les maisons allemandes, même huppées, ne sont pas encloses. Conscient de la facilité avec laquelle il peut s'emporter, conscient de la facilité avec laquelle ses émotions prennent le dessus, le citoyen français doit penser que l'ordre public est bon pour lui. L'ordre public sert à contenir l'impétuosité naturelle du gaulois. Le gaulois sait que cet ordre lui évitera de faire de trop grosses bêtises, étant donné que peut-être il ne parviendra pas à se contrôler lui-même. Cette sécurité vaut bien la privation de parole et la privation du droit de se regrouper ! C'est presque un cercle vicieux qui n'incite pas à intérioriser les lois. Je ne vois pas comment cela pourrait changer. C'est notre caractère latin... Internet et les livres sont donc les seuls moyens pour un citoyen français de faire passer ses opinions, ses idées, à d'autres citoyens qu'il ne connaît pas.

4 LE SILENCE EST D'OR

On attend donc que ce devoir de silence du citoyen, devoir implicite, soit respecté en ce qui concerne la politique et les décisions publiques. En privé par contre, tout le monde se lâche, on critique et on insulte sans retenue. Il y a donc en France une certaine hypocrisie généralisée.

Pour qui veut au contraire parler, la paranoïa n'est jamais loin. Fichage secret, refus systématique de la part des élus et des administrations, contrôles fiscaux : vérité ou imagination ? Gagne-t-on vraiment à se taire ?

Sans vouloir aucunement généraliser, je veux évoquer le cas de l'association Manche-Nature. Cette association conteste, par la voie juridique, la majorité des projets routiers et d'urbanisme du département de la Manche et de ses communes littorales. Contrairement aux autres associations de protection de la Nature qui ne disent mot et reçoivent des subventions, Manche-Nature ne reçoit aucune subvention du département. Certains élus, maires, députés, sénateurs, ont même créé un collectif contre Manche-Nature ! La ligne politique d'une association détermine donc les subventions auxquelles elle peut prétendre. Alors que l'argent public, l'argent du contribuable, est par définition apolitique et pour le seul bien commun. Est-ce que je prends des risques, comme l'insinuait mon interlocuteur, en écrivant que seules les associations dont la ligne politique est compatible avec les élus en place reçoivent des subventions ? Je ne pense pas : après tout, personne n'ignore que les grands journaux nationaux sont très largement subventionnés par les gouvernements de gauche et que ces journaux sont à gauche. **Septième leçon politique : ne pas dire à voix haute une vérité qui gêne.** Alain écrivait[36] : « Tous les ambitieux que j'ai vu partir d'un pied sûr, je les ai vu arriver, et même plus vite que je n'aurais cru. Il est vrai qu'ils n'ont jamais différé une démarche utile, ni manqué de voir régulièrement ceux dont ils pensaient se servir, ni aussi de négliger ces inutiles qui ne sont qu'agréables. Enfin ils ont flatté quand il fallait. Je ne blâme point ; c'est affaire de goût. Seulement, si vous vous mêlez de dire des vérités désagréables à l'homme qui peut vous ouvrir des chemins, ne dites point que vous vouliez passer. » Voilà une pensée solide et saine de Normand. Si on dit tout haut la vérité qui gêne, dans le meilleur des cas certains élus vont inviter le contestataire (pour protéger des intérêts personnels ou par bienveillance ?) à faire de meilleures propositions ou de meilleurs projets. Dans le pire des cas, l'élu ne répondra pas au contestataire, l'élu et son administration le tiendront à distance des lieux de prise de décision, on le privera d'informations.

Si l'on ne veut pas taire la vérité, mieux vaut alors ne pas réduire une personne à ses idées, mieux vaut séparer les idées de l'individu pour que celui-ci ne perde pas la face quand son agenda caché sera dévoilé, et aussi pour qu'il puisse s'il le souhaite faire amende honorable. Que le citoyen qui veut parler haut et fort prenne donc garde : quand il entre dans le jeu des politiciens, il n'en a ni la connaissance des règles, ni l'expérience. Entre eux, les politiciens sont impitoyables : Phi-

---

36 ALAIN, *Propos sur le bonheur*, folio essais, 1985, p. 72

lippe de Villiers, et bien d'autres qui auront été éjectés de la scène politique, peuvent en témoigner.

5 S'ENGAGER EN POLITIQUE ?

J'avais un temps caressé l'idée de m'investir dans une association politique, pour aider au « redressement » de la France. Au moment de conclure cet ouvrage, je demeure indécis. Je me sens visé par ces mots d'Alain[37] : « Tels entendraient la politique, mais qui font voir pourtant, par ne rien rechercher, que la crasse du métier – tous les métiers en ont – ne leur plaît guère. Et qu'importe alors qu'ils aient science et jugement, s'ils n'aiment pas le métier ? Barrès recevait, apostillait, se souvenait. Je ne sais s'il était propre à la grande politique ; mais certainement il aimait le métier. » J'écris beaucoup, mais je ne pense pas pouvoir aimer jamais le jeu de la politique. Je ne souhaite pas rendre coup pour coup, faire des coups bas, encenser les bonnes volontés, faire des compromis. Mon énergie ne va pas au-delà de la réflexion et de l'écriture. Et puis, ainsi que le dit Pierre Rabhi, fais juste ta part comme le colibri. Mais fais-la bien.

6 LA LOGIQUE REND-ELLE INHUMAIN ?

Quelques semaines après la rédaction vient le temps de la relecture. Mes textes me semblent alors horriblement condescendants et inhumains. J'y discerne la rigueur dont j'avais usé – à bon escient – pour rédiger mon livre sur l'élevage professionnel d'insectes ! La rigueur de mon programme politique me choque, notamment que l'expulsion ne soit pas discutable et soit si souvent une issue possible. Mais il faut bien prendre en considération la politique étrangère ; on ne saurait en faire

---

37 Ibid

l'impasse. Un pays qui accepte tous les individus sans condition n'est plus un pays. Ainsi pour la situation actuelle (guerre en Libye et en Syrie contre l'état islamique), je réaffirme que je suis pour une intervention au sol par une armée européenne. Michel Onfray, que sur ce point je ne suivrai pas, est pour le retrait immédiat de cette zone de guerre (arrêt des bombardements aériens) et pour une politique étrangère de non-intervention. Il dénonce, à juste titre, le droit d'ingérence que nous occidentaux nous sommes arrogés, pour mener une politique néo-colonialiste à l'intention des pays militairement faibles et dont le sous-sol regorge de richesses[38]. Je doute que ce pacifisme soit adapté, étant donné que les armes crachent déjà leurs projectiles depuis le printemps arabe. Je pense qu'il faut établir des zones démilitarisées, dans lesquelles les réfugiés trouveront de la sécurité. Ainsi ils n'auront plus besoin de fuir jusqu'en Europe – ce qui était une conséquence bien prévisible de la guerre contre daesh, et je suppose que l'union européenne n'a pas vraiment souhaité éviter les flux de réfugiés de guerre. Pourquoi cette absence de décision pour éviter les flux de réfugiés, alors que les réfugiés eux-mêmes sont les premiers à en souffrir ? Cette Europe bien-pensante qui aujourd'hui clament partout et sans cesse les droits de l'Homme, a par son inaction, laissé des millions de réfugiés prendre la route de l'Europe. Cette incohérence révèle soit de l'incompétence crasse, soit un agenda caché (le « grand remplacement »). Je laisse à chacun le soin de choisir entre la gifle et la taloche.

Je pense qu'il ne faut pas hésiter à reprendre ses pays perdus du Moyen-orient avec un débarquement à l'image de celui de juin 1944, et repousser l'ennemi pas à pas. Dans le même temps, les réfugiés actuellement en Europe devraient rejoindre

---

38 Michel ONFRAY, *Penser l'Islam*, Grasset, 2016, et *Le Figaro magazine*, 8-9 janvier 2016.

une force armée créée dans le seul objectif de libérer leurs pays de l'état islamique. Pour ces deux pays (Libye et Syrie), un nouveau départ s'impose. Voilà à quoi ressemble une politique étrangère cohérente avec le circum 40 : la liberté implique la responsabilité, la responsabilité implique l'autorité qui elle-même implique l'action ! Au point où nous en sommes, et étant donné que l'Europe a participé à la montée de l'islamisme radical au moyen-orient (en suivant Georges Bush père et fils dans la guerre contre Saddam Hussein, alliance dénoncée par Michel Onfray), il nous faut payer le prix de ces mauvaises décisions. Mes propositions ne tranchent-elles pas nettement avec la politique nationale faussement humaniste menée depuis les années 1980 ?

L'expulsion rigoureuse fixée dans le circum 40 peut choquer, mais ce programme n'est pas pour autant xénophobe : il permet l'accueil des étrangers dans la mesure où ils sont volontaires pour apprendre le français et pour respecter notre culture. Quant au suicide autorisé en milieu carcéral et quant à la peine de mort, ces mesures auront certainement choqué le lecteur. Je réponds que cela n'est pas plus inhumain qu'actuellement laisser les coupables croupir toute leur vie dans une prison (peine de prison à perpétuité). Je crois que le choc causé par ces propositions (suicide autorisé et peine de mort) est double. D'une part, on imagine l'épreuve personnelle que cela représente pour le prisonnier. D'autre part, avec le retour de la peine de mort, c'est une fondation de notre société actuelle qui est secouée – alors qu'on la croyait à jamais stable. En effet, si ce programme devait être adopté, afin de le faire respecter il faudrait exécuter des individus. Expulsion, suicide, peine de mort : celui qui ne voudra pas respecter ce programme politique ne méritera pas de vivre sur le sol de France. Nous avons aujourd'hui du mal à penser cela, car au contraire nous sommes prêts à changer les lois pour éviter à une personne la prison à perpétuité, pour épargner une seule vie. On place toute vie, même celle du plus tueur le plus pervers, au-dessus de la loi. Nous portons très haut le culte de la vie et le culte de la liberté. Tuer une personne pour faire valoir un texte, ceci n'est plus dans nos habitudes ; il y a un siècle c'était chose convenue. Rabaisser l'idée qu'on se fait de la vie humaine, sa valeur, fait-il du circum 40 le programme d'un régime autoritaire ? J'admets qu'en développant ce programme dans les seuls cadres de la logique et du nationalisme, je leur ai subordonné la vie humaine. En même temps, je sais que chaque vie humaine est unique et précieuse, que la vie est un objectif et jamais un moyen en soi. Difficile dilemme, car quelle est la valeur d'une vie humaine vis-à-vis d'une société toute entière ? Aujourd'hui même, combien d'anonymes meurent en prison, se suicident pour diverses raisons, meurent d'un accident de la route, meurent de froid sous les ponts, meurent d'overdose, meurent tout seul abandonnés de leur famille dans des maisons de retraite ? Combien d'oubliés de la société dont on ne veut pas voir la mort ? Toute socialement glorieuse qu'elle aime se voir, notre société majoritairement bien-pensante comporte son lot de morts honteuses, comme les dictatures. Les médias relatent uniquement les morts les plus prestigieuses ; on oublie ainsi que la mort est chose quotidienne, banale. Un système pénal et carcéral ferme n'est-il pas au contraire le signe de l'importance qu'on accorde aux *vivants* ? Et le contraire, libérer des meurtriers après seulement cinq ans de prison, laisser en liberté les voleurs et les escrocs pour cause d'engorgement des tribunaux, n'est-il pas le signe d'une certaine décadence ? L'être humain, comme tout animal, doit respecter des règles s'il veut vivre sans trop de souffrance et s'épanouir. L'Homme est un loup, une sangsue, un ténia pour l'Homme. Un individu suffit pour détruire ce que cent auront construit. Donc une société de mille individus peut tolérer neuf destructeurs. Pour perdurer elle doit abattre le dixième.

LEÇONS POLITIQUES

Entre émotions tonitruantes et placide rationalité ; entre excès d'impôts et égoïsme ; entre honneur de la fonction politique et arrangements avec la loi ; entre réactionnaires et idéalistes ; entre fermeture des frontières et accueil du monde entier ; entre intérêts privés et bien commun ; entre rationalité laïque et dogmes religieux ; entre bon sens populaire et prédicateurs de morale ; entre anarchie et ordre de la devise nationale ; entre la France horizontale gauche – droite et la France verticale individu – nation, j'aurais cherché par ces réflexions une voie du juste milieu, afin d'envisager une politique capable de redonner du *souffle* à notre pays. En guise de conclusion, il est donc opportun de rassembler toutes les leçons politiques que ces réflexions m'auront permis d'apprendre.

N° 1 - Rien n'est jamais fini, aucune vision n'est définitive, le chantier politique est perpétuel.

N° 2 - La logique, le bon sens, la rigueur, la rationalité ne sont pas des arguments infaillibles, définitifs. Ils ne suffisent pas pour faire valoir une opinion (la vie en société n'est jamais aussi simple qu'une équation mathématique...)

N° 3 - Ainsi que l'écrivait Antoine de Saint-Exupéry « Loin de me léser, ta différence, mon frère, m'enrichit ».

N° 4 - Les opinions ne valent que pour ceux qui les expriment.

N° 5 - Ne pas critiquer nommément élus, administrateurs, citoyens, associations, et dissocier les idées des personnes.

N° 6 - N'émettre aucun à priori négatif, ou positif, envers les personnes, élus, citoyens, entreprises, associations. Être neutre sans pour autant être niais : exiger de connaître les tenants et les aboutissants.

N° 7 - Ne pas dire tout haut une vérité qui gêne, ne forcer personne à faire le constat de ses incohérences, de ses incompétences ou de ses violations de la loi.

N° 8 - Toujours chercher non le compromis qui maintient le statu quo ou dégrade la situation, mais la troisième voie qui fait avancer la situation.

N° 9 - Proposer des objectifs et les moyens qui vont avec.

N° 10 - mais qui devrait figurer en tout premier : Toujours respecter la devise nationale Liberté – Égalité – Fraternité, donc toujours faire l'effort de s'adapter et d'être créatif pour que cette devise soit vivante.

N° 11 - Ne pas négliger les actions et leurs conséquences des acteurs qui ne sont pas tenus par le code d'honneur de la fonction politique (associations, collectifs, « mouvements », entreprises, particuliers, médias). Eux peuvent recourir à la violence verbale et physique.

N° 12 - Toujours aller *vers* la société pour s'enquérir de la diversité des idées et des points de vue.

N° 13 - S'exprimer clairement et sans détour.

N° 14 - Reconnaître de bonne foi ses erreurs.

N° 15 - Ne pas passer pour plus bête que l'on est.

N° 16 - Ne jamais oublier que la politique est tel un plateau de jeu où des intérêts se confrontent, au niveau micro-local comme au niveau mondial. Les intérêts, c'est d'abord et avant tout le compte en banque.

N° 17 - Les lois n'ont aucune valeur intrinsèque. Les lois sont des moyens et non des finalités en soi. Comme tout moyen, comme tout outil, elles sont *a*morales. Si on les a faites, on peut les défaire ou les tordre : c'est toujours possible. *L'honneur de la fonction politique, qui en est aussi l'esprit, est donc d'aller sans cesse attiser en l'Homme les valeurs supérieures de sagesse, de force et de beauté.* Le résultat n'est jamais certain ; la société idéale sans injustices n'existe pas encore et n'existera peut-être jamais. Renoncer à améliorer l'homme et la société revient à autoriser l'expression des vices, et donc la loi devient la loi du plus fort. S'enfermer au contraire dans des lois strictes sous prétexte du respect d'une forme de pureté originelle (de la nation ou de l'ethnie ou du peuple créé par une puissance divine) n'est pas non plus satisfaisant : c'est brider les comportements, donc les comportements novateurs, donc la curiosité, donc l'exploration de la Nature et de l'Univers. C'est une société sans futur, donc sans histoire.

CONCLUSION : L'ERREUR DE TROP

1 L'ERREUR

Il y a un an, je m'enquérais sur l'impact qu'aurait une serre de jardin sur mes impôts locaux. Aucun, me répondit-on (dans une administration que je ne nommerai pas, par respect). Je me décidais alors à construire la serre et déposais le dossier de « déclaration préalable ». Je reçus par la suite cette information fiscale puis le titre de perception : un impôt de 825 euros pour ma serre de 40 m², taxée au même titre qu'une habitation ! Tout le contraire de ce que l'on m'avait indiqué.

Bon, j'ai suivi les conseils insistants de mon entourage et je suis allé demander à certains élus s'il est possible de faire annuler cet impôt. En effet, la fiscalité est un art subtil auquel les élus sont initiés : il s'agit de faire valoir la *particularité* d'une situation pour qu'elle bénéficie du *juste impôt*. « Va voir untel, il peut sûrement faire quelque chose pour toi ». Qui se tait consent, qui réclame sort gagnant. Pour un particulier, sans les conseils experts d'un élu, impossible de s'y retrouver parmi les centaines de cases à cocher et à remplir des liasses administratives.

Puis, en ce début d'année 2016, je m'enquiers auprès de la sécurité sociale agricole de la nature et de la hauteur des cotisations quand on devient entrepreneur agricole. On me dit que, au vu de ma petite surface de culture (700 m²) et de ma situation sociale présente (je bénéficie de la couverture maladie universelle), je serais exempté d'une cotisation de solidarité. Bien, me dis-je. Je déclare donc l'entreprise agricole, qui me permet de vendre en toute légalité des fruits et légumes. Trois mois après je reçois un courrier m'informant que je dois payer cette cotisation, d'environ 500 euros. Tout le contraire de ce que l'on m'avait indiqué. L'erreur de trop.

Si je me comportais de cette façon envers mes clients, leur disant une chose puis son contraire, leur disant le kilo de tomate à trois euros et au moment de payer à six euros, leur servant de la salade quand ils me demandent des fraises, ils me prendraient pour un irresponsable et ils auraient raison. Mais je constate que les irresponsables ne sont pas sur les marchés, à vendre, ou dans les champs, à travailler. Ils sont dans les administrations, apparemment, à dire une chose et son contraire. Le qualificatif est dur, mais j'insiste ; s'il s'agissait d'un petit écart dans le montant de l'impôt ou de la cotisation, je serais compréhensif. Mais qu'on me dise une chose puis son contraire, dans un contexte sérieux de fiscalité ou de création d'entreprise, c'est n'est pas admissible. J'ai donc décidé de publier cet ouvrage, pour exprimer mon mécontentement face à toutes ces incohérences administratives et politiques qui n'ont pas lieu d'être dans la décennie actuelle de chômage aggravé et de guerre de religion larvée.

2 DÉFAUT D'INTELLECT

En arriver à de telles erreurs, quand bien même l'erreur est humaine, c'est pour moi la preuve de *manque d'intellect* dans notre administration. Je n'incrimine pas les personnes qui traitent les dossiers. Elles ne font que suivre les ordres ; ordres décadents, méprisants voire ordres absents. Ces erreurs flagrantes révèlent le « je m'en foutisme » de leur hiérarchie. Dans aucun commerce, dans aucune entreprise, on ne tolérerait ce laxisme, cette décadence, ce manque de sens de responsabilité : les consignes de travail seraient immédiatement corrigées, les incompétents avérés seraient re-formés ou renvoyés, sinon la vie de l'entreprise serait menacée. Dans notre administration, à l'évidence, la définition du bon sens n'est pas la même que dans l'entreprise.

Supérieurs hiérarchiques et gestionnaires de dossiers pourraient tenter de s'excuser : « vous savez, on ne peut rien y faire, ce n'est pas nous qui fixons les règles », « la loi vient de changer, un nouveau décret... », « vous ne rentrez pas dans telle ou telle catégorie sociale »... Ces arguments peuvent être corrects ; pour autant ces fonctionnaires acceptent de travailler dans de mauvaises conditions d'application des lois. Doit-on accepter un métier quand les conditions de travail ne permettent pas de l'exercer avec honneur ? Je suis un scientifique dans l'âme, un cartésien, donc j'ai de la peine à admettre que des fonctionnaires acceptent de travailler tout en sachant que leurs conditions de travail (les conditions immatérielles : sens du devoir, sens de la cohérence, logique des procédures, formation) les amèneront à commettre des erreurs, donc des injustices.

Ce *délit administratif de décadence* est facile à pister : en en parlant à droite et à gauche autour de moi, presque tout le monde a fait les frais des erreurs et des incohérences de l'administration. Tout le monde s'accorde pour penser et pour dire qu'il faut que cela cesse ; mais ce n'est pas encore assez, car la situation perdure. Les gens endurent les erreurs à répétitions qui deviennent désobligeantes, qui deviennent un manque de respect de l'administration à l'égard du peuple. Cc « je m'en foutisme » administratif doit cesser ; les citoyens ne sont pas des billes, les citoyens ne sont pas des bourses à presser.

3 MÉPRIS DU PEUPLE DE FRANCE

Le mépris du peuple par les élus est un thème qui revient souvent. Je suis d'avis que le président Hollande qui a moqué les « sans dents » aurait dû présenter sa démission dès lors que ses propos furent connus du grand public (par un livre polémique de son ex-femme). S'il avait fait preuve de l'honneur qui incombe à la fonction politique et plus particulièrement à cette fonction-ci. Ce président que l'on tolère légitime ainsi de facto les comportements similaires de ses ministres, qui peuvent alors sans gêne continuer à se comporter de la même façon (cf. le mensonge public éhonté de l'ancien ministre des finances par rapport aux comptes bancaires dissimulés). En plus, président et ministres nous malmènent au sens littéral : ils ne savent pas où guider la France. Ils n'ont donc rien à faire à ces postes.

Voulez-vous une preuve ? Je vous en donne juste une. Consultez la fiche d'impact préalable aux décrets NOR AGRS1428096D et NOR AGRS1428095D, traitant de la sécurité sociale agricole. L'objectif de ces textes de lois, rédigés par des membres du ministère de l'agriculture, est de simplifier les règles d'assujettissement à la sécurité sociale agricole. Dans la partie *Évaluations des impacts financiers du projet de texte*, est indiqué *aucune charge nouvelle pour les entreprises, impact net nul, la mesure n'aura pas d'effet négatif sur l'activité des non-salariés agricoles* (les entrepreneurs agricoles), *aucune mesure d'adaptation prévue, expérimentation : aucune.*

Objet du texte : il s'agit de faire passer du statut de cotisant solidaire à celui d'exploitant agricole entre 2200 et 3000 entrepreneurs agricoles.

Je précise, ce que le projet de texte omet curieusement : dans le premier statut la cotisation sociale annuelle est d'environ 600 euros, dans le second elle est de 4000 euros. Indépendamment du chiffre d'affaires[39].

---

39 Un calcul des cotisations qui, je l'espère de tous mes vœux, sera un jour abandonné dans toutes les branches de l'économie, cf. mon programme politique Circum 40).

La recette attendue, elle, figure en bonne place dans le texte : est attendu un surplus de 3,3 millions d'euros pour la sécurité sociale agricole.

Le projet de texte se conclut par ces phrases :

Impact des projets de décret pour les non-salariés agricoles : Les deux projets de décret ne procèdent qu'à un toilettage de la partie réglementaire du code rural [...] Ils n'emportent aucune conséquence directe si ce n'est qu'ils simplifient la procédure du maintien d'affiliation au régime des non-salariés agricoles.

Je souligne. Voilà, que dire ? Les 3400 euros de cotisation supplémentaire n'ont-ils aucun impact sur ces petits entrepreneurs agricoles ? Ils sont cotisants solidaires parce qu'ils ne peuvent faire autrement : ils cultivent de petites surfaces agricoles (moins de dix hectares) et ils ne peuvent donc pas générer un chiffre d'affaires supérieur à dix-mille euros. Donc bien sûr qu'il y a un impact ! La majorité de ces cotisants solidaires vivote, à deux agriculteurs ils parviennent en général tout juste à se faire un SMIC. Ce projet de décret obligerait purement et simplement les plus petits à cesser leur activité. Ou comment la gauche de François Hollande piétine le peuple de France. Oui monsieur Hollande, « ça va mieux », comme vous dites. C'est sûr qu'en descente, c'est plus facile qu'en montée... Je dis : honte à ces élus ! Le ministre de l'agriculture, qui parle à tout bout de champ de créer des emplois dans l'agriculture, soutient un projet de texte qui étrangle les plus modestes agriculteurs. Fait révélateur : ces projets de texte ne comportent pas les noms des personnes qui les ont conçus. Où sont les pilotes dans l'avion ? Ils jouent à cache-cache avec les passagers !

La gauche, comme la droite, ne veut que des entreprises agricoles gigantesques[40]. Les partis de gouvernement et les administrations honnissent la petite entreprise agricole, qui pourtant recèle une part considérable de l'âme de la France. Ils les honnissent parce qu'elles ne peuvent pas être automatiquement contrôlées (elles tournent avec de l'argent liquide, d'où les décrets qui se multiplient pour interdire les gros billets et rendre obligatoire les caisses scellées et automatiques, dans les boulangeries par exemple). Mépris total.

Ce faisant, les gouvernements successifs sabordent la monnaie ; ils rêvent du contrôle total des transactions monétaires pour épingler le moindre argent au noir. Spirale vicieuse qu'ils entretiennent en augmentant sans cesse les impôts et les cotisations, qui incitent à faire du travail au noir. Un enfant est en mesure de comprendre cela. De plus, l'argent, cet outil central de l'économie, ce pilier de la Nation, n'a de sens que parce que l'on a confiance en lui, et qu'entre peuple et élus existe une relation de confiance dans les deux sens (peuple > élus et élus > peuple). Les gouvernements sapent petit à petit la confiance en la monnaie (en l'Euro) et la confiance du peuple. Cette sape, si elle doit se poursuivre, amènera une crise fondamentale.

Cher lecteur, vous aurez compris que je suis contre les partis de gouvernement UMP (ou RPR ou les Républicains, c'est comme vous voulez), PS et centre. Aux manettes de la France depuis quarante ans, ils sont incapables de faire autre chose que d'inventer sans cesse de nouvelles lois, pour compliquer le système social et le système fiscal, afin d'accorder des dérogations à certains privilégiés – les amis, cela va de soi.

---

40 Cf. mes explications sur l'histoire de l'agriculture française in *Agroécologie, cours théorique.*

Personne n'est dupe. Notre démocratie représentative ne représente pas le peuple, mais c'est là un autre débat.

Ces partis de gouvernement ne savent pas guider la France, ils n'ont aucune image en tête de ce que pourrait être la France dans cinquante ans[41], ils ne pensent qu'à leur prochaine réélection. Ils ne vont jamais au contact du peuple lui demander ce qui ne va pas et ce qu'il veut. Pourquoi ?

Ont-ils un « agenda caché », comme le clament de nombreuses théories du complot du nouvel ordre mondial ? La faillite de la France, économiquement et culturellement, est-elle programmée ? C'est peu vraisemblable, mais pas impossible. En tout cas, il se trouvera toujours certains groupes d'intérêt pour profiter de l'effondrement de la France, qu'elle qu'en soient les causes. Il ne faut pas être naïf : si l'état de la France doit empirer au point de vaciller, il suffirait d'une petite action bien placée de la part de ces groupes d'intérêt (au bon endroit au bon moment) pour faire chuter la France. Il faut espérer que d'autres groupes d'intérêt qui ont à y gagner que la France perdure, sauront agir plus rapidement. Nous ne sommes pas encore à ce stade-là, à ce point de bascule, mais nous en avons pris la direction.

4 ANALYSE DE LA SITUATION PRÉSENTE

Une maladie en stade terminal

L'obésité législative mérite bien une analogie médicale. En médecine, on distingue trois états : l'organe sain, qui fonctionne correctement ; l'organe dont la fonction flanche, et qui pour la maintenir doit se déformer (foie de l'alcoolique par exemple) ; enfin l'organe qui a perdu sa fonction, irrémédia-

---

41 C'est le constat de Denis TILLINAC, écrivain et collaborateur du magazine *Valeurs actuelles*.

blement. La mort s'ensuit. Depuis l'an 2000, la France législative en est au deuxième stade : surabondance d'élus, lois de plus en plus nombreuses et complexes, lourdeur administrative colossale, erreurs administratives à répétition. Le prochain stade est le stade final : perte de confiance envers les élus, marché noir omniprésent, voyous et criminels en tous genres qui agissent dans l'impunité. Voyez que ce stade final est déjà entamé.

La banalité de la décadence

Je dois penser à la philosophe Hannah Arendt. Elle avait expliqué l'action des bourreaux nazis dans les camps de concentration par la « banalité du mal » : ces bourreaux étaient auparavant de bonnes personnes, aimantes, avenantes, saines d'esprit. Mais l'influence de la hiérarchie les avait fait devenir des monstres malgré eux, et eux s'en dédouanaient sans aucun remords, sans aucun problème de conscience, car « tout le monde faisait ainsi ». La décadence administrative et législative de notre bon pays est engendrée par des phénomènes similaires : le « je m'en foutisme » et l'angélisme (le « tout ira bien ») amènent le peuple, jadis sérieux et soucieux de prévenir les drames, à laisser faire, à laisser couler, à *tolérer*. Depuis quarante années, trop de nos élus, de nos fonctionnaires et de nos administrateurs sont des incompétents en ce sens qu'avec leurs discours mous, leurs langues de bois, leur « mais non », ils ont endormi la vigilance des Français. Le ton toujours avenant, rassurant, apaisant, des fonctionnaires et autres personnes chargées d'exécuter la loi, est un puissant soporifique, digne des films de science-fiction négative. « Calmez-vous monsieur. Oui les impôts ou les cotisations sont élevées, mais ils vous permettent de travailler et de payer notre système de santé qui est le meilleur au monde ». Ou bien « dans votre situation, vous êtes exonérés de ceci ou de cela, c'est la preuve qu'on encourage les entreprises ». Avec un grand sourire et un air attentionné, s'il vous plaît. Que de miel pour faire avaler la pilule, pour inciter à rester calme et à accepter, pour ne pas donner suite, pour ne pas se plaindre. Ce genre de parole mielleuse, qui est une forme de manipulation mentale, n'a pas sa place dans l'exercice de la loi. Ce genre de paroles n'existe que parce que les lois de plus en plus complexes sont de plus en plus critiquables. À force de mettre sur un piédestal les particularismes, le peuple « normal » qui mange, dort, travaille, lit, danse... se voit entouré de lois qui ne le concernent plus.

Rappelons-nous quelle est la plus grande peur de tous les dirigeants : que le peuple décide d'agir par lui-même. Tous les moyens sont bons pour que cela n'arrive pas. Les mensonges éhontés n'ont plus la cote (« le nuage de Tchernobyl s'est arrêté à la frontière »), ils sont remplacés par les douces stratégies de la relativisation, par les petites promesses et les petits accords, par la stratégie des petits pas (« lentement mais sûrement ») qui en fait cache un immobilisme navrant.

Oui, je suis dur, je suis méchant envers ces élus, ces administrateurs et ces fonctionnaires. C'est nécessaire : quand un corps va mal, il faut s'astreindre à une hygiène rigoureuse, même si c'est désagréable. Ne pas le faire, c'est renoncer à la vie. D'ailleurs, quand on s'occupe mal de son corps, celui-ci nous le fait comprendre avec une causalité indéniable, une causalité qui résiste à toutes les langues de bois et à toutes les mollesses intellectuelles. Hé bien, pour une société, c'est comme pour un corps : avec ces années de laisser-aller, nous obtenons des organes défaillants, moribonds : le djihadisme notamment. Les « fous d'Allah » sont en France parce que nous leur permettons d'être en France. La France les fait naître même ! Mais, malgré les trop nombreuses victimes[42] de ces fous, le bon peuple de France continue à ne pas réagir. Il continue à accepter les lois fantoches, à accepter les « mesures symboliques »[43], à accepter les élus qui se disent responsables mais qui refusent d'être autoritaires. La république soporifique triomphe.

Les élus sont responsables, mais ils laissent faire : lois fantoches, crimes de religion, laxisme pénal, nivellement par le bas de l'éducation. Or, messieurs et mesdames les élus, responsabilité et autorité vont de pair. Un élu doit être responsable ; prétendre faire régner l'ordre républicain sans user d'autorité, c'est débiter de beaux mots pour faire croire que vous êtes particulièrement intelligents, que vous êtes autant pragmatiques que sensibles. Moi, je vois clair dans votre jeu.

Je reviendrai et conclurai un peu plus loin sur le lien très important entre responsabilité et autorité.

5 UN MÉPRIS MOTIVANT

Cette cotisation que je ne dois pas payer à la sécurité sociale agricole mais que je dois payer est pour moi l'erreur qui fait déborder le vase. Car il s'est agi, effectivement, d'une erreur. Dans la logique de la sécurité sociale, je dois d'abord être inscrit comme redevable de la cotisation. Donc on m'envoie le courrier m'obligeant à la payer. Puis on m'inscrira sur

---

42 La dernière en date au moment où je fais les relectures est le directeur d'un restaurant du cœur à Montreuil, traité de mécréant, de sale français, de franc-maçon, et poignardé aux cris de « dieu par-dessus tout », par un africain et une femme voilée. La justice invite à ne voir là qu'une tentative d'homicide et pas un acte terroriste, mais plus personne n'est dupe. Les cellules cancéreuses émergent ici et là, un peu partout dans l'organisme de la France. Le mal est tel un cancer ; pour retrouver la santé, il faut retrouver une hygiène globale de vie. Soigner uniquement les organes atteints ne suffit pas.

43 Passons sur le projet de loi de déchéance de la nationalité pour les terroristes, un projet symbolique et qui, pour cette raison, a humilié notre pays : la France attaquée répondant par une poussée de symbolite...

la liste des exonérés, et je recevrai un courrier indiquant que je n'ai pas à tenir compte du précédent courrier ! C'est une boucle logique tout à fait inutile, comme lorsque vous déclarez vos revenus vous déclarez en même temps une partie de l'impôt de l'année précédente qui est déductible de l'impôt de l'année. On déduit des impôts des impôts. Ridicule. Tout comme les fonctionnaires, qui sont payés avec l'argent de l'impôt, et qui sont obligés de payer un impôt sur leur salaire de fonctionnaire ! Inutile, grotesque.

J'ai vécu la moitié de ma vie hors de France, je reviens en France pour y travailler, et j'ai honte de mon pays de naissance. Ces bourdes administratives, ces logiques administratives fantasmagoriques, ne doivent plus être tolérées. Je vais encore écrire une chose que tout le monde pense tout bas : nous avons honte de notre administration. Voilà les parties honteuses de la France : son administration, son droit du travail, ses élus. Par pudeur, on ne parle pas tout haut de ces parties honteuses sur la place publique. Surtout quand la bien-pensance fait la police de la morale.

Mon dilemme est celui-ci : partir de France – et alors je ferais en sorte que ce soit définitif. Je suis déjà parti par obligation, faute de trouver du travail (en France, il n'y a pas de travail pour les diplômés, mais de l'autre côté du Rhin j'ai démarré ma vie professionnelle après seulement deux mois de recherche d'emploi). Ou bien rester en France, et me battre contre le système actuel élus / administrations / bien-pensance. M'engager donc politiquement. À ce jour, la France ne m'a rien donné à part l'école et les études. Elle n'en a qu'après mon argent, elle me met des bâtons dans les roues quand je veux travailler, et la France des médias et de la presse subventionnés veut me dire quoi et comment penser. Je n'ose plus écouter radio France, hormis l'émission d'Alain Finkielkraut.

D'ailleurs, c'est pour ces mêmes raisons que les djihadistes recrutent si facilement en France : notre société ne donne pas de place aux jeunes et aux entrepreneurs, et elle se contente de privilégier toujours les mêmes. La réalité sert de point de départ à la propagande islamique. Sur cet aspect, les djihadistes ont raison, hélas : la France est un pays moralement décadent qui ne veut pas reconnaître l'effort de travail ; qui a dit non au mérite et oui à l'assistanat. Mépriser le peuple comme le font trop de nos actuels élus est un acte de décadence morale.

M'engager en politique : non pas pour l'état islamique bien sûr, mais pour un parti politique. Ce devrait être un parti extrême, car il s'agit de remplacer l'ancien par du nouveau, d'abandonner la partage traditionnel gauche | droite. Je n'irai pas à l'extrême gauche, car je ne crois pas au retour du communisme. Le front national donc ? Ai-je le choix ? Encore faudrait-il que les membres de ce parti s'y retrouvent dans mon Circum 40, et moi que je m'y retrouve dans leur programme. Imaginons que oui. Alors j'y agirai pour participer à *créer de nouvelles institutions* : elles seront créées entièrement à partir de zéro, de sorte qu'au moment de l'élection décisive, le parti pourra proposer aux Français : « soit vous demeurez dans l'ancien système décadent, soit vous prenez le nouveau système, qui est prêt, qui n'attend plus que vous ». Tout sera préparé matériellement, pour engager le Circum 40 (ou un programme similaire) dès le résultat de l'élection. Par exemple, je contribuerai à construire dès maintenant la nouvelle sécurité sociale nationale, le nouveau code du travail, la nouvelle justice. Ce n'est pas la peine d'essayer de rapiécer les institutions actuelles ni même de les raser (la révolution qui détruit tout n'est pas nécessaire) : il suffit de construire du neuf à côté de l'ancien. Nouvelle fiscalité, nouvelle organisation des administrations, nouvelle organisation du système éducatif : tout peut dès maintenant être élevé, être construit à côté de ce qui existe déjà. Écrivons les textes et testons les organisations jusqu'à obtenir le résultat désiré. Il faut *créer l'alternative*, créer ce qui certes sera comme une coquille vide, ou comme un squelette sans chair dans un premier temps, mais qui sera prêt à accueillir le peuple quand celui-ci s'y décidera.

Et en tant que militant politique, il s'agirait pour moi d'aller vers le peuple, de lui demander ce qui ne va pas. Par ici toute la merde ! Éclairons-la, assurons-nous de son odeur fétide, puis abandonnons-la sans regret en comprenant d'où elle venait. Le nouveau est possible, le nouveau est créé à côté de l'ancien chancelant, il n'attend que toi, peuple de France. Voilà quelle serait ma stratégie, ma stratégie « allemande » d'actes et non de mots. Stratégie si étrangère en France qu'aucun élu UMPS ne la remarquerait et ne pourrait gêner son succès final.

Qu'adviendra-t-il des anciens élus, qui ont longtemps sapé la France ? Des excuses de leur part n'ont aucune valeur. Certains changeront de chemise et se rallieront au nouvel ordre, d'autre n'en démordront pas et continueront à prêcher que « la Nation c'est la guerre, le peuple c'est le populisme ». Ils ont le sang des victimes des islamistes sur les mains, ainsi que le sang de tous les agriculteurs qui se sont suicidés depuis les années 1980 : qui ira encore les écouter ? L'humanité est assez grande pour prouver que les différences culturelles ne conduisent pas à la guerre, pour prouver que pour éviter la guerre le projet de la bien-pensance d'imposer une hégémonie culturelle et économique à l'échelle mondiale est une fausse bonne idée[44].

---

44 Là réside la difficulté pour y voir clair à travers le jeu de la bien-pensance : la bien-pensance, qui pourtant prône la différence des cultures, le droit à la différence, prône en même temps le « tous égaux », le « on a tous le droit d'être différents ». Dans les faits, cela se traduit au contraire par une occidentalisation de toute la planète, la propagation mondiale d'un seul mode de vie, la fin des

Toutefois, je suis à ce jour indécis. Devenir membre d'un parti politique, c'est d'abord s'y conformer. Or je suis une tête de mule, je suis un libre penseur : je ne pourrais pas accepter une autorité qui souscrit à certaines de mes idées tout en prônant d'autres idées non cohérentes avec les miennes. Pour moi, une logique est comme une ligne droite. Il peut y avoir plusieurs logiques qui se croisent. Pour un point de départ il n'y a qu'un seul point d'arrivée. Je ne peux pas accepter de logique qui serait une ligne brisée avec un ou plusieurs angles. En politique comme dans l'écriture, je tiens à mon « carré », c'est-à-dire qu'un texte comme un programme politique doivent être

- Libre de toute répétition ;
- Libre de toute contradiction ;
- Cohérent : toutes les idées sont en lien avec le sujet abordé ;
- Contenu : le problème est posé et la ou les solutions sont apportées.

Or, comme expliqué auparavant, en politique la logique ne fait pas la loi.

Aussi, je ne suis pas à l'aise avec la discipline de groupe, avec la hiérarchie de groupe. Si ma logique politique est très carrée, très « allemande », mon comportement est bien français, à savoir égocentrique. En France, il n'y a que des coqs, c'est bien connu ! Si je me décide à essayer un parti, il me faudra travailler sur moi-même. Après tout, pourquoi pas ? Se remettre en question est en général riche d'enseignements.

---

cultures originelles et originales. Je n'accepte pas ce faux multiculturalisme ; je crois trop au multiculturalisme sincère tel qu'il est pensé et représenté dans la série de science-fiction Star Trek The Next Generation.

6 RESPONSABILITÉ, AUTORITÉ ET CLARTÉ

Pour conclure cet ouvrage, revenons à ce qui me semble essentiel, central : l'autorité et à la responsabilité. L'autorité implique la responsabilité ; l'autorité implique la clarté. La débauche de textes de loi (lois, décrets, codes, normes, ordonnances, avis...) fait que seuls les avocats, juges et juristes sont en mesure de comprendre les lois. Pour le peuple, la clarté des lois, cette clarté qui *devrait être*, est absente. C'est un soleil masqué par des nuages de liasses administratives ; le ciel de la Nation est assombri.

L'autorité devient du même coup impossible, car il est devient trop compliqué de juger, d'arrêter, d'emprisonner. Que de voyous et de criminels relâchés au terme d'incarcérations écourtées ! Que de délits qui ne sont pas sanctionnés. Les mineurs sont quasiment libres d'agir à leur guise, ils n'ont qu'à supporter une remontrance verbale de la part de la police, puis ils peuvent recommencer. Que dire aussi du policier qui a été décoré pour ne pas avoir fait feu sur les voyous qui ont tenté de le faire brûler vif dans sa voiture, en y jetant des cocktails Molotov (journées de guérilla urbaine de mars – juin 2016 liées au texte de loi sur le travail et au mouvement « nuit debout ») ? Ce policier aurait du les abattre.

Ne reculant devant aucun mépris à l'égard du peuple, trop d'élus pointent cette débauche de textes de loi non pas pour la récuser, mais pour s'excuser de leur irresponsabilité, assénant que « dans l'état actuel des choses, on ne peut pas faire ceci ou cela... ». *Nous avons élu trop de gens qui passent leur temps à s'excuser.* La France est le premier pays du monde en termes d'excuses publiques, devant le Japon. Au Japon on s'excuse avec sincérité de ses erreurs, en France on s'excuse de ce qu'on n'a pas fait. La sagesse populaire ne s'y trompe pas : on trouve toujours une excuse pour ne pas faire. Dehors les guignols !

Cet état actuel de décadence semble profiter à certaines professions : avocats, assureurs et banquiers sont de plus en plus nombreux et brassent une part toujours croissante de la masse monétaire. Ces métiers improductifs, paradoxalement, sont les grands gagnants d'une société qui ne produit plus (les productions industrielles et agricoles sont au plus bas depuis les trente glorieuses). À eux les lumières de la Ve république, au peuple l'obscurité ? La sélection culturelle imposée par la gauche s'opère à leur avantage. Le Circum 40 réduira de façon importante le volume des métiers improductifs. Les lois claires seront entre toutes les mains, la lumière sera pour tous les visages de France.

L'absence d'autorité à l'intérieur de notre pays n'est pas sans conséquence sur nos relations avec l'étranger. *On ne peut pas être mou à l'intérieur et dur à l'extérieur.* La débauche de textes de loi empêche la prise de décision et empêche aussi la vision stratégique à long terme (à vingt ans, à cinquante ans). Si rien n'est fait, dans les années à venir la France sera plus que jamais soumise aux volontés des puissants pays étrangers, les États-Unis en tête. Si en France il n'y a pas une personne (ou une équipe d'hommes et de femmes) qui puisse tenir les rênes, qui puisse être responsable et guider le bateau, alors d'autres s'en chargeront, qui n'ont cure des intérêts et de la culture de la France.

Je ne suis ni le premier ni le dernier à tenir un tel discours. Puissions-nous être de plus en plus nombreux à passer du discours aux actes.

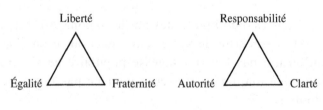

Les objectifs de la Nation   Les moyens de la Nation

ANNEXES

Dans ces annexes, tout d'abord une réflexion sur le langage et la société. Je précise que c'est un texte abstrait et manichéen : j'essaie de faire une pensée sans compromis. Elle ne saurait expliquer toute la réalité, mais sa valeur réside dans sa fonction de *point de repère* (ou de grille de lecture). Michel Onfray considère que ces pures idées sont une erreur en philosophie, qu'elles n'y ont pas leur place. Il critique avec vigueur le structuralisme et les philosophes pour qui l'objectif de la philosophie est de produire des concepts. Onfray veut une philosophie qui démarre et termine dans le réel, dans le corps, dans la société, dans le peuple, dans la Nature. Mais je pense que ces deux formes de philosophie, l'une idéaliste, l'autre matérialiste, sont nécessaires. Je ne vois pas pourquoi il faudrait ne pas développer la logique du langage pour elle-même et sans lien avec la réalité. *Ensuite*, ou en parallèle, il faut confronter ces trouvailles (des mots nouveaux, des logiques nouvelles) avec le réel[45]. Ainsi procèdent les sciences naturelles : les chercheurs inventent des théories qu'ils confrontent à la réalité. Cela vaut bien sûr pour les mathématiques, que je considère être une forme d'apex du langage. Les mathématiques en soi ne sont pas de l'ordre du réel, du concret. Mais on a pourtant tout à y gagner en les imaginant autant que possible, ce que font les chercheurs en mathématiques. Les progrès des mathématiques ont permis les

---

45 Ce que, selon Onfray, trop de philosophes idéalistes ne font pas. Au lieu de fonder leurs idées dans la matière, ils préfèrent imaginer un « arrière-monde », dont ils seraient les gardiens de la porte d'accès, dont le vocabulaire pour le décrire serait nécessairement très compliqué. Arrière-monde aussi d'où proviendrait la morale qui doit régir la société humaine. Bref, des philosophies idéalistes qui reprenne la trame des religions, ce que Nietzsche mettait en lumière et dénonçait. Et Onfray poursuit le travail de Nietzsche, en faveur d'Épicure contre Platon.

progrès des sciences naturelles. Je me base sur le simple bon sens que *théorie et pratique doivent former un couple inséparable.*

Ensuite, je vous propose une réflexion sur ce qui peut être la meilleure forme de société, et la pire forme de société.

Enfin, je vous propose un texte originellement conçu pour prendre place dans le livre *NAGESI.* Je l'ai amené dans le présent ouvrage à cause de sa forte connotation politique. Toutefois, écrit avant le présent ouvrage, il y manque les leçons politiques que j'ai depuis découvertes. Il comporte moult insinuations et attaques directes qui occultent totalement ce qu'est l'honneur de la profession politique, j'en suis conscient. Il est plus facile de faire une critique rageuse et négative de nos élus que de faire une critique courtoise et positive ! J'invite donc le lecteur à l'indulgence.

1 LANGAGE ET SOCIÉTÉ

Présupposés

On sait que le langage, n'importe lequel, est incomplet et incohérent :
- aucun langage ne permet de décrire la réalité dans sa totalité ;
- aucun langage ne parvient à exprimer complètement son origine ;
- dans les situations inédites, le langage, et la logique qui le sous-tend, sont insuffisants. Il y a parfois besoin de nouveaux mots et de nouvelles logiques ;
- aucun langage ne parvient à se justifier totalement lui-même, car le sens de certains mots ou de certaines logiques est tout entier dans le signifiant, dans la chose réelle (c'est le cas des émotions par exemple, qui ne se laissent pas réduire à des mots ou à des logiques).

Une très grande partie du langage est cohérente, une petite partie, toujours, est incohérente. Dans cette petite partie, la définition des mots et leurs interprétations possibles ne sont pas déterminées, pas figées. Plus précisément on *n'arrive pas à les fixer.*

Certes, toutes ces affirmations sont contestables. Admettons leur véracité pour la durée de la présente réflexion.

Application

Plaçons nous dans le thème « du langage pour décrire et établir une société ». C'est-à-dire l'ensemble des mots, et les logiques sous-jacentes, que nous utilisons pour décrire notre société et pour organiser notre vie ensemble. C'est un thème très vaste et très abstrait, pour ne pas dire très ennuyeux et rebutant à priori. On conçoit mal comment on peut éviter de se perdre et comment ce thème de réflexion pourrait être utile dans la vie quotidienne – la masturbation intellectuelle guette ! Mais je vous demande votre confiance : je vous promets un chemin assez rapide, sans douleur je ne puis vous le garantir, mais avec au bout un petit plaisir. Démarrons.

L'exercice de pensée consiste à faire des transpositions entre le langage et la société : imaginez une carte des différents domaines de la société, et avec pour chaque domaine son ensemble de mots attitrés (santé, économie, industrie, loisirs...)

La petite partie incohérente du langage peut être d'un seul tenant, c'est-à-dire présente dans un seul ou dans quelques domaines contigus de la société. Au lieu d'être d'un seul tenant, elle peut aussi être éparpillée en de nombreuses zones du langage, c'est-à-dire sur de nombreux domaines de la société. Nous pouvons alors imaginer deux cas de figure.

Premier cas de figure : une société décrite par un langage dont la petite partie incohérente est d'un seul tenant. La rationalité du langage, donc la rationalité tout court, régit la majorité des domaines de la société, et l'incohérence est contenue dans un seul ou quelques domaines. Cela correspond aux *dictatures* : la société est régie par une « main de fer », par des règles et des lois très strictes, d'une logique implacable. Le moindre écart est sévèrement puni. Mais le dictateur, lui, a toutes les libertés : mégalomanie, désirs fantasque qu'il faut satisfaire, lubies, grotesqueries, folie même. Tout lui est permis, car la logique de facto ne s'applique pas pour sa personne. Il est au-delà des mots et de la logique, au-delà du langage. Il concentre en sa personne quasiment toute la partie incohérente du langage.

Cela correspond aussi aux *théocraties* : l'incohérence (on dit alors l'ineffable) est toute entière dans les textes censés avoir été transmis par la divinité à son prophète. Ces textes n'ont pas à être justifiés, car leur nature même les en dispense. Ils sont vérité, nul besoin et nulle utilité de questionner leurs incohérences. Dieu est un inconnu que l'on ne saurait connaître entièrement, mais qui est pourtant censé exister. Il est hors de portée de la Raison, défini de façons multiples et contradictoires. Toujours en se référant au langage, on peut subdiviser les théocraties, selon qu'elles sont « fausses » ou « vraies ». Une « fausse » théocratie repose sur des textes au contenu et à la logique simples, qui donc dans certains cas donnent prise à la raison et se révèlent être grossièrement faux. Les notions ou lieux « sacrés » n'ont alors que l'apparence de l'incohérence et de l'incomplétude. Il s'agit dans ce cas de logiques grossières et simplistes d'une supercherie ou d'une secte. Il est relativement facile de les identifier et de les déconstruire. Une « vraie » théocratie repose sur des notions qui ne se laissent pas facilement questionner. Les notions de dieu, de divinités, d'esprit acorporel, d'énergie totale... sont si abstraites, si ouvertes, qu'elles ne se laissent pas facilement contredire. Elles ne sont pas falsifiables au sens de Karl Popper. Avec de telles notions qui dépassent la raison, il est paradoxalement possible de créer une société qui traverse le temps et les âges, quand une secte ou une supercherie occultiste ou politique ne dépassera pas un lieu ou une époque.

Enfin, la concentration de l'incohérence et de l'incomplétude du langage dans un seul domaine de la société ou dans une seule personne correspond aussi aux *monarchies,* où règne un souverain qui se dit absolu et de droit divin, pour qui tout est permis.

Second cas de figure : une société décrite par un langage dont la petite partie incohérente est éparpillée dans tous les domaines, de façon homogène. Il est assez difficile d'envisager à quel type de société cela correspond, mais on s'oriente vers la *démocratie.* Quand incohérence et incomplétude il y a, cela appelle des questions, et en démocratie, tout peut être soumis à la question, et ce sans risque d'être puni sévèrement comme cela se produirait sous une dictature. Notons que pour qu'une démocratie se maintienne, la somme des incohérences dans le langage doit demeurer relativement petite. Si absolument tout peut être mis en question, je vois deux écueils. Le premier est celui du *relativisme.* Comme tout peut être questionné, tout se vaut. Il n'y a rien qui ait plus de valeur, rien qui importe plus. Le second est celui du *nihilisme.* Comme tout peut être questionné, il n'existe donc aucune vérité. S'il n'existe aucune vérité, à quoi bon vivre, à quoi bon maintenir une société ? Alors détruisons au lieu de construire, cela n'aura aucune conséquence, car il n'existe pas non plus de mal (la gauche bien-pensante cumulerait-elle ces deux écueils ?)

Singes intellectuels que nous sommes, descendons de notre arbre théorique pour poser une question à ras de sol : notre société actuelle se pose-t-elle trop de questions en ce moment ? Est-ce une bonne chose que la totale liberté de conscience, donc de questionnement ? Je pense qu'une telle période de total questionnement peut être bénéfique à une société, ou à l'humanité plus simplement, si elle est circonscrite dans le temps ou dans certains cercles. Prenons l'exemple d'une vie d'Homme : dans une vie, le doute est positif s'il est concentré dans certaines phases (fin de l'enfance, fin de l'adolescence, crise de la quarantaine, nouvelle vie du retraité). Le doute continu, qui remet toujours tout en question, empêche de définir des repères et des bases solides. L'asile psychiatrique n'est jamais loin pour ceux qui se tripotent trop les méninges. :-)

La question de la cohérence du langage vaut aussi pour l'idéal (ou les idéaux) qu'une société se décide d'atteindre. Un idéal ne saurait être nommé et expliqué avec un langage entièrement cohérent, il ne saurait être posé en termes figés et définitifs. Mais il ne doit pas non plus être décrit vaguement, être totalement ouvert, totalement imaginé. Dans le premier cas, la créativité des individus serait bridée. C'est la critique qui fut émise à l'encontre des sociétés dites « primitives » pour expliquer leur manque d'innovation par rapport à la société occidentale : ces sociétés vivraient tournées vers leur passé originel, vers le moment de leur émergence (ce qu'attesterait leur spiritualité constituée de mythes et rituels qui rejouent cet acte originel d'émergence). Dès l'origine, le destin était posé, il n'y avait donc rien à inventer. Dans le second cas, quand l'idéal est trop flou, les individus seraient privés de repères à l'aide desquels bâtir un avenir.

Des *repères* et de la *créativité* : voila ce que le langage utilisé pour nommer un idéal doit permettre. Aujourd'hui dans ces temps d'incertitude politique, quand ni la gauche ni la droite ne font plus rêver et ne réconfortent plus, des voix s'élèvent pour en appeler à la raison. La rationalité est une bonne chose ; il faut en appeler à la raison de tout un chacun, éduquer tout un chacun de façon à lui donner les moyens de déployer sa raison. Certes, mais la raison n'est-elle alors pas plutôt un moyen qu'une fin ? Trop de raison dans le langage, dans tous les domaines, ramène in fine à une société totalitaire, où la raison encadre quasiment tout. Il faut aussi autre chose ; l'être humain n'est pas qu'un être de raison[46].

Voilà comment, avec une réflexion simple (simpliste ?) sur le langage, on peut faire à grands traits une histoire et une classification des sociétés. La réalité est bien plus nuancée, mais je crois à l'utilité de ce genre d'exercice de pensée : cela permet de trouver des repères et de distinguer des directions. Ça incite à regarder plus loin que le bout de ses pieds, à chercher l'horizon.

Si je ne vous ai pas encore convaincu, par quel autre moyen puis-je vous faire comprendre l'utilité de ces réflexions idéalistes et manichéennes ? J'ai évoqué l'utilité de la pure réflexion pour le langage, car elle culmine avec la recherche indispensable en mathématiques. Cela donne des repères pratiques : pour bien s'exprimer il faut avoir connaissances d'un grand nombre de mots ainsi que d'un grand nombre de façons de les articuler entre eux, pour former des phrases, puis des paragraphes, puis des chapitres, puis un livre. Une autre illustration pour vous convaincre serait celle de la sphère céleste. Par une nuit claire, nous pouvons tous voir les nombreuses étoiles scintiller. En les désignant du doigt on peut faire des traits fictifs pour les relier toutes entre elles. On peut faire des traits de toute longueur et en tous sens qui vont quadriller la sphère céleste. Cependant, depuis des temps immémoriaux,

---

46 Je vous invite donc à lire mon ouvrage *Nagesi*, où j'explicite un idéal de société qui allie raison et ouverture sur l'inconnu.

les Hommes ont choisi de les relier non pas au hasard, mais selon des formes compréhensibles : les constellations. Les constellations n'ont pas d'existence réelle, les étoiles reliées fictivement ne sont pas physiquement proches les unes des autres dans l'espace. Cependant les constellations nous servent quand même de repères. Tout comme les très abstraites et très hautes réflexions. Un bon livre de réflexions, c'est une nouvelle constellation pour l'humanité.

2 LE PIRE DU PASSÉ. ET À VENIR ?

Mes propositions regroupées dans le circum 40 doivent donner des sueurs froides à bien des personnes. C'est un programme que j'ai conçu pour éviter l'écueil du *néo-communisme* (appelons ainsi l'extrême gauche, car c'est ce qu'elle est) et du libéralisme débridé (qui prône la fin des assurances sociales *publiques* du chômage, de la maladie et de la vieillesse). C'est la voie du milieu, j'en suis persuadé. Ce n'est pas une voie évidente, il faut de la rigueur ; naviguer au milieu requiert de la volonté, s'écraser sur les bords ne requiert que de laisser faire.

Mes contestataires pourraient sentir dans le circum 40 quelque chose de nauséabond – aujourd'hui c'est une insulte de gauche très tendance. Soyons réalistes : le fascisme peut-il renaître de ses cendres ? Le contexte actuel n'est pas celui des années 1930. Le fascisme, et après lui le communisme stalinien, ont triomphé parce que les tyrans maîtrisaient tous les moyens de communication. Ils pouvaient exercer une censure totale et définir les programmes éducatifs de la jeunesse. Aujourd'hui, avec les multiples sources d'information disponibles grâce à internet, cette main-mise totale n'est plus possible. Aujourd'hui l'accès à la connaissance est facile : le web met tout à portée d'un clic de souris.

D'ailleurs, cette proximité et cette abondance de savoir ont aussi fait disparaître l'inverse positif du fascisme, à savoir les sociétés secrètes. Celles-ci prétendaient détenir une vérité, à laquelle on ne pouvait accéder qu'après avoir été admis (coopté), après avoir passé un rituel d'initiation, après avoir gravi les échelons. Ainsi en va-t-il de la franc-maçonnerie : aujourd'hui tous ses savoirs sont en vente libre sur internet. C'était cela ou tomber dans l'oubli, me semble-t-il. Les sociétés de ce genre, plus ou moins ésotériques, mystiques, occultes, recrutaient parce qu'elles laissaient penser qu'elles détenaient des savoirs qui permettraient à l'Homme de réveiller le meilleur de lui-même. Au contraire du fascisme qui confisquait les savoirs pour le peuple et suscitait le pire chez chaque individu. Le mal généralisé et banalisé du fascisme, tout comme la « vérité » des sociétés secrètes réservées à un petit groupe, ont disparu l'un et l'autre avec la libération du savoir. L'une comme l'autre ne sont désormais plus possibles dans notre société du savoir pour tous.

Mais ne soyons pas naïfs. Cet état actuel ne signifie pas qu'une société morbide, d'un autre genre, ne peut pas émerger à nouveau. Les cultes de la bien bien-pensance – l'homogénéité des peuples et des individus, le refus de l'ordre naturel –, le culte de la transparence comme nécessité sécuritaire, le culte de la mise en réseau de toute personne et de toute chose, le culte de la maxi-richesse auquel accède seule une élite économique planétaire, le culte de la santé, le culte de l'apparence physique, le culte de la prééminence de chaque unique vie humaine, sont autant de points de départ possibles vers une société morbide d'un nouveau genre. Ajoutons à cela le projet de « nouvel ordre mondial » ou NWO new world order.

N'allons pas trop vite. Bien des personnes dénoncent, à juste titre, les théories du complot, dont le NWO est la plus grossière. Derrière le NWO, des farfelus imaginent les francmaçons ou les illuminati qui tireraient les ficelles de l'économie internationale. Je crois en ce NWO, mais ses acteurs sont plus banals. Le NWO a existé depuis que le processus de colonisation a démarré, depuis les exploits des navigateurs portugais au XIVe siècle. Chaque grande puissance coloniale souhaitait atteindre l'hégémonie : contrôler les peuples de la Terre et les ressources de la Terre. Rien de plus humain que ce genre de désir total ! Pourquoi cette volonté ne se perpétuerait-elle pas de nos jours ? Elle prend simplement d'autres formes, avec d'autres méthodes, ne soyons pas niais. Les Hommes ne sont pas des anges ! La volonté moderne de contrôle mondial peut tirer profit des cultes modernes, en faire des moyens pour atteindre son objectif.

In fine, si une nouvelle société morbide doit émerger, il s'agira comme dans le fascisme de légitimer les meurtres, les tortures, les expropriations, les dépossessions, les exils, le contrôle des foules et le contrôle de la conscience de chaque individu. Chaque vie humaine perdra son importance : les noms de famille, les histoires de famille, les prénoms, les choses laissées en héritage, les souvenirs, tout cela sera effacé sans remords quand la nouvelle société morbide se consolidera. Ou plutôt, tout cela semblera encore exister, mais ce ne seront plus que des coquilles vides. Le monde virtuel (internet et co.) permettrait bien cela, faire croire à l'existence d'un héritage... Bref il faut imaginer le retour du despotisme le plus classique, mais avec internet, mais avec les progrès médicaux les plus modernes, mais avec les énergies renouvelables, mais avec les maisons ossature bois et panneaux solaires, mais avec l'agriculture biologique. Avec tout ce qu'aujourd'hui nous estimons être des choses bonnes et utiles pour la vie. Il faut imaginer que ces choses-là perdureront en même temps que nous perdrons (à nouveau) notre humanité. Comme l'a expliqué Nietzsche, la décadence la plus crasse porte le masque de la vertu et des bons sentiments. Voilà la définition du pire !

L'avenir n'est pas écrit, mais, à l'attention de mes détrac-
teurs, je ne crois pas que le circum 40 puisse être un pas vers
ce pire. Avec ce programme politique, je veux le meilleur de
l'humanité comme le meilleur de la technique. Ce n'est pas
impossible, et ça ne passe pas nécessairement par la gauche
bien-pensante.

3 NATURE ET CENSURE

**Aujourd'hui, peut-on vraiment parler librement au nom
de la Nature ?**

Je vous propose ici un texte écrit suite aux événements tragiques du 7 janvier 2015 que l'on sait, et suite à la manifestation nationale du 11 janvier de la même année. Il s'agit de
tendre la corde entre d'un côté l'interdiction de la libre
expression telle que pratiquée par les religions fondamentalistes, et de l'autre côté la culture du silence qui gouverne certains élus français en ce qui concerne les mesures de protection des derniers espaces naturels et sauvages de France. Les
deux phénomènes sont-ils de même nature ? Le second est-il
un prélude au premier, c'est-à-dire le refus de dialogue des
élus avec la société civile pour protéger la Nature crée-t-il des
conditions favorables à l'implantation en France d'un islam
fondamentaliste, c'est-à-dire un islam qui ne reconnaît pas
l'exercice de l'esprit critique indissociable de tout dialogue ?
Certains lecteurs trouveront la tentative risible sinon osée.
Mais la censure est telle une chaîne pour attacher la liberté de
conscience afin qu'elle ne s'exprime pas, et je pense qu'en
France, si la chaîne n'existe pas, il en existe du moins plusieurs maillons, qu'il conviendrait de ne pas réunir. Le refus
de dialogue de la part des élus autour des questions de protection de la Nature en est un.

Le 11 janvier, nous Français avons tous tenu à réaffirmer l'importance de la liberté d'expression. Nous avons rappelé que ceux qui disent haut et fort qu'il faut abroger cette liberté, qui tuent pour imposer le mutisme et la peur, doivent être incarcérés sinon expulsés de notre pays.

La liberté d'expression est ce qui permet la caricature et la satire, mais, plus fondamentalement, c'est ce qui permet aux opinions multiples et diverses de se faire connaître. Cette liberté est tout à fait indispensable, sinon aucun dialogue d'aucune sorte n'est possible. Cela vaut pour tous les domaines. Jean-Paul Sartre écrivait que « le mensonge et le silence sont les ennemis du dialogue ». Quand, dans un cercle de discussion, un mensonge envers la même personne est répété, quand cette personne est forcée au silence par une parole qu'on ne lui donne pas, cela constitue bel et bien une tentative de passer outre la liberté d'expression.

Force est de constater que, lorsqu'il s'agit de parler sur la place publique de protection de la Nature, la liberté d'expression est souvent bafouée. Les personnes qui commettent ce délit – car le 11 janvier nous avons tous témoigné qu'il s'agit bien là d'un délit – ne sont pas des fondamentalistes religieux, mais des élus et des fonctionnaires locaux. Ces élus se disent être du terroir, proches du peuple et de ses préoccupations. Cependant, il me semble, avec ces élus, que les valeurs de la République au contraire s'amenuisent au fur et à mesure que l'on se rapproche de la terre. Voyons les faits.

Bien souvent, quand des projets d'aménagement sont en jeux, tels que des routes, des lotissements, des golfs ou des campings... les associations de protection de la nature s'expriment par voie de presse. Mais il est d'habitude de voir leurs messages tronqués par les journalistes de la presse ou de la télévision publique locales. Nous savons tous que les journalistes ont une obligation morale d'objectivité, mais dans les faits, nous savons aussi tous que chaque journal défend une certaine posture politique, une certaine vision de la société ou de l'économie. Les journalistes choisissent ce qui leur semble le plus à même de satisfaire leurs lecteurs, mais aussi leurs annonceurs. En ce sens, nous ne saurions reprocher aux journalistes un certain manque d'objectivité, quand celle-ci est de notoriété publique. Dans le département de la Manche, nous savons que la presse locale est de droite, et nous devons accepter que les informations relatives à la protection de la Nature soient systématiquement ou bien absentes ou bien simplistes.

Aucune association ne saurait faire de communiqué de presse avec l'objectif d'influencer les journalistes, pour les gagner à leur cause. Ce serait aller à l'encontre de l'esprit républicain, quand bien même ces journalistes auraient une attitude peu professionnelle envers ladite association. Cependant, les objectifs de ces associations sont de faire connaître la Nature et de la protéger. Ces objectifs s'inscrivent dans une démarche d'élévation individuelle et sociale. La Nature doit être préservée, respectée, pour elle-même mais aussi pour la place unique qu'elle occupe dans notre culture. Serions-nous les mêmes individus, si nous ne pouvions pas nous rattacher à la pensée qu'il existe, quelque part, certains espaces où la Nature n'est pas dérangée ? Non, nous ne serions pas des êtres humains. Cette Nature, qui nous fait toujours nous poser des questions et garder l'esprit ouvert, a une place dans notre culture et dans notre cœur, même si en ces temps de crise économique nous y pensons peu. Cette Nature de laquelle notre espèce est née : nous aimons savoir qu'elle est toujours là. Protéger la Nature s'inscrit donc dans la droite ligne du siècle des Lumières, dans la ligne de l'épanouissement humain.

En toute légitimité, des associations de protection de la Nature élèvent la voix pour contester la qualité du travail de certains journalistes. En effet, quand des journalistes appellent par leurs prénoms des délinquants (car oui, ceux qui ne respectent pas les lois de protection de la Nature sont des délinquants), quand des journalistes s'abstiennent d'enquêter sur le passé de ces délinquants ou sur leurs appuis financiers et politiques, quand des journalistes s'abstiennent systématiquement d'examiner avec un œil critique les décisions administratives sur les projets d'urbanisme et de territoire, ces journalistes devraient être amenés à se justifier. Nous regrettons ce manque d'ardeur – ou de compétence peut-être – des journalistes actuels, qui autrefois était caractéristique de la profession. Les journalistes ne se privaient pas pour aller « chercher la petite bête », alors qu'aujourd'hui, quand la Nature est menacée par des projets de construction de golf, de routes, d'aéroports, de ports, les journalistes brillent par leur absence sinon par la fadeur de leurs propos convenus.

Pour tout ce qui relève de l'environnement, à la campagne, nos élus se posent souvent à la fois comme décideurs et experts. Nous savons tous le peu d'intérêt que la majorité de nos concitoyens porte envers la Nature, et encore moins aux décisions administratives impliquant des actions sur la Nature. Là aussi, c'est faire preuve d'intégrité suite à la manifestation du 11 janvier, que de dire haut et fort ce qu'avant on taisait taire par peur de « choquer le populo » : qui donc lit les pages bleues de la presse, pour prendre connaissance des enquêtes publiques ? Personne. Le peuple brille par son absence aux enquêtes publiques impliquant la destruction d'espaces naturels. Or ce sont dans ces enquêtes publiques relatives aux PLU (plans locaux d'urbanisme) et aux installations économiques de grande taille, que les enjeux sur les périmètres de protection de la Nature sont visibles, palpables. Face aux élus, on trouve hélas des administrations souvent complaisantes quand les lois de protection de la nature sont bafouées (mais c'est un autre débat). Face aux élus, ce qui choque est surtout ce vide : Où est la voie du citoyen, pour questionner la confusion des compétences, et faire connaître une diversité d'opinions ? Et où est la question objective du journaliste ? Les associations de protection de la Nature regrettent ce double vide. Elles se donnent pour mission de tenter de le combler, à elles toutes seules. Elles rappellent aux élus l'existence des lois, elles proposent des alternatives. Mais c'est un travail incessant, sans interruption, souvent dur pour le moral des bénévoles, surtout quand les administrations ou les journalistes les dénigrent constamment, ou parient sur les délais d'instruction judiciaire fort longs pour faire échouer une contestation des associations.

Avec les récents rapports techniques sur l'évolution du littoral (du trait de côte plus précisément), une nouvelle voix socio-scientifique pour la protection de la Nature commence à se faire entendre. Espérons qu'elle saura amener à la raison certains élus particulièrement « naturophobes », qui avaient pris l'habitude de faire la sourde oreille envers les associations de protection de la Nature. Certains élus (des maires, des sénateurs et des députés) du département de la Manche sont même allés jusqu'à créer un « front » anti associations de protection de la Nature. Quelle situation ridicule, mais au fond très grave, qui découle d'une incompréhension du principe de liberté d'expression ! Des élus qui demandent à des citoyens de se taire !

Pourquoi ces élus en veulent-ils tant aux associations au point d'influencer la presse locale pour faire passer des articles à la limite de la diffamation ? Tout simplement parce que ces élus n'aiment pas qu'on *pense différemment*. Disons d'abord qu'ils n'ont pas l'habitude d'être confrontés à des points de vue différents des leurs : dans les rapports d'enquêtes publiques sur les PLU, rares sont les opinions divergentes portées à la connaissance du commissaire enquêteur. C'est choquant, c'est le signe que la démocratie va très mal. Dans la Manche, même si on ne le dit pas tout haut, tout le monde sait « tout bas » que la vie locale est régie par les

« donneurs d'ordres » (les grandes entreprises, les grands syndicats agricoles), et par les élus au carnet de relations bien remplis, en place depuis deux voire trois décennies. Entre eux ils se connaissent tous, et s'échangent des services. Et tout le monde se tait ou bien profère la sainte phrase « Si le maire a dit que... » Retenons comme seul contre-exemple la commune du Chesfrene : des pratiques de démocratie participative y avaient été mises en place par le précédent maire. Les habitants avaient leur mot à dire et participaient à la conception des projets communaux. Ces pratiques ont littéralement choqué les maires des communes voisines, car pour eux, laisser la parole et la décision aux citoyens n'est juste pas pensable.

Revenons à la question de pourquoi les élus estiment nécessaire que les associations ne fassent pas entendre leur voix sur la place publique. Ce n'est pas parce que ces associations sont telles qu'elles sont, dans leurs façons d'agir et de communiquer. C'est parce que pour ces élus, aucune association (si ce n'est celles répertoriées dans leur carnet d'adresse...) n'a sa place dans la prise de décision publique. *Ces élus sont convaincus qu'ils ont été élus pour décider quoi faire au nom du peuple, et ils n'entendent pas donner la parole au peuple.* Cela va plus loin que la parole : ils pensent que s'ils ont été élus, c'est pour penser à la place des citoyens. Le peuple, docilement, accepte tout, accordant toujours au maire le bénéfice du doute même pour les décisions injustifiables, pensant toujours que le maire incarne les valeurs de la République.

Est-ce un phénomène restreint à la Manche ? Non, bien sûr : nous savons tous que les maires décident souvent seul, et contre le bon sens. Quelle subvention colossale n'a pas été donnée à tel club de sport ? Quel parcelle appartenant au maire ou à tel conseiller municipal n'a pas été rachetée à bon prix par la commune ? Quel maire n'a pas donné son accord au promoteur immobilier pour construire un lotissement en

zone inondable ? Quel commerce plutôt qu'un autre aura eu
droit à se faire racheter sinon construire les murs de son activité ? Quelques années plus tard on découvre la corruption[47].
Un fait courant.

Brisons le tabou. Si les tueurs islamistes sont l'aspect
extrême de la déconstruction des valeurs de la France, cette
déconstruction s'opère discrètement tous les jours, dans de
nombreuses communes, là où les associations n'ont pas droit
de citer, là où la voix du citoyen et la question du journaliste
sont inexistantes. Et la Nature de notre belle France en prend
un coup, en disparaissant sous les routes et sous les zones
industrielles, qui pourtant restent désespérément vides en ces
temps de crise (car le maire pense que ça va faire venir les
entreprises...)

Législativement, les élus mécontents des associations ne
peuvent pas les interdire. Mais implicitement, les maires
invitent les médias à en donner une image négative, à ne pas
reprendre leurs communiqués de presse. Ce n'est pas une censure active, mais les bénévoles ressentent, plus gravement
encore que les attaques directes et les propos presque diffama-
toires des élus, que le droit à l'expression n'est pas véritable-
ment accepté par ces donneurs d'ordre locaux. Les associations sont sans cesse qualifiées par eux d'*obstacles* à la
liberté. Stratégie classique du délinquant qui se dit victime...
Et quand les associations veulent rappeler que la liberté n'est

---

47 Ayant travaillé quelque temps comme enseignant en collège et lycée, j'ai appris
que faire régner la discipline implique de ne pas faire de favoritisme parmi les
élèves. Bien des élus ont donc dû haïr l'égalité de traitement à l'école, pour instaurer de façon quasi-systématique dans les communes le clientélisme et le favoritisme. Quand une entreprise reçoit des subventions pour survivre à une mauvaise passe (incendie, vols...), des élus justifient cette décision (d'attribution de
l'argent des contribuables) en disant qu'ils font bien des appels d'offres et que
donc l'argent public bénéfice in fine à certaines entreprises plutôt qu'à d'autres.
Ce raisonnement ne tient pas, car alors il faudrait aider toutes les entreprises
connaissant des difficultés qui ne dépendent pas de leur volonté. Ces élus
confondent le soutien à l'économie avec la subvention aux entreprises.

pas l'anarchie, que la liberté réclame l'effort d'être créatif, on leur rit au nez. Quelle duplicité donc de la part de ces élus, tous de partis de droite, partis pourtant très portés sur les valeurs républicaines ! Quand on lit dans un PLU qu'une commune de 300 âmes décide d'urbaniser 30 hectares d'un coup, détruisant marais et prairies, n'est-ce pas là une certaine forme d'extrémisme ? *Ces élus mènent un djihad, un djihad de l'urbanisation, et les mécréants sont les associations de protection de la Nature.* Or la dette de nos communes n'est-elle pas déjà extrême ? Détruire la Nature coûte cher, mais c'est le prix du progrès, dit le maire. On ne fait pas d'omelette sans casser des œufs, dit-il ensuite. Tristes paroles, quand on sait à quelle peau de chagrin déjà sont réduits les espaces naturels.

Si l'on se tait face à de telles attitudes liberticides, on fait le lit de l'anarchisme, et donc des extrémismes en tout genre. Celui qui ne dit consent. L'anarchiste n'est pas qu'un soixante-huitard attardé, c'est aussi un maire pléni-potent de notre belle campagne. N-a-t-on pas appris récemment qu'une stratégie des islamistes consiste à acheter des propriétés dans les départements les plus ruraux, pour y installer femmes et enfants, pour y vivre selon les plus strictes règles de l'islam. Pourquoi à la campagne ? Car ils savent qu'aucune association qui leur serait hostile ne pourra faire entendre sa voix sur la place publique, et que les habitants ne font jamais connaître leur opinion. Quoi de mieux que ce silence pour les accueillir, et qu'un maire qui se réjouit naïvement du retour des enfants dans son village ?

N'ayons donc pas peur d'affirmer que les associations de protection de la Nature doivent revendiquer sans cesse leur droit à la liberté d'expression, face à des élus qui ne veulent pas faire l'effort de protéger la Nature de France et préfèrent nier la liberté d'expression. S'ils choisissent de bâillonner cet effort de protection de la Nature parce qu'il leur semble trop difficile à mettre en œuvre, nul doute qu'ils n'ont pas non plus la volonté nécessaire pour prévenir la propagation en France d'un certain islam liberticide. Le second maillon de la chaîne est forgé.

Lightning Source UK Ltd.
Milton Keynes UK
UKOW05f0613060617
302788UK00019B/1263/P